フランス12か月の行事と遊びのクロスステッチ

425点のノスタルジックで
かわいいモチーフ

g

Fêtes et régions de France à broder au point de croix
by Véronique Enginger

Direction : Guillaume Pô
Direction éditoriale : Tatiana Delesalle
Édition : Mélanie Jean assistée
de Clara Laffineur
Direction artistique : Chloé Eve
Mise en pages : Vincent Fraboulet
Photographies : Fabrice Besse
Stylisme : Sonia Roy
Conception, explications et illustrations
des ouvrages : Hélène Le Berre
Direction de fabrication : Thierry Dubus
Suivi de fabrication : Marie Dubourg

First published in France in 2019 by Éditions Mango
© Éditions Mango
15-27 Moussorgski,75895 Paris, cedex 18, France

Mon imagier retro à broder au point de croix
by Véronique Enginger

Direction éditoriale : Guillaume Pô
Édition : Julie Cot et Marylise Trioreau
Direction artistique : Chloé Eve
Mise en page : Vincent Fraboulet
Photographies : Fabrice Besse
Stylisme : Sonia Roy
Conception, explications et illustrations des ouvrages : Sylvie Blondeau
Fabrication : Thierry Dubus et Sabine Marioni
Merci à Juliette Magro pour son aide précieuse.

First published in France in 2013 by Éditions Mango
© Éditions Mango
15-27 Moussorgski, 75895 Paris, cedex 18, France

This Japanese edition was published in Japan in 2020
by Graphic-sha Publishing Co., Ltd.
1-14-17 Kudanshita, Chiyoda-ku, Tokyo 102-0073, Japan
Tel: 03-3263-4318

Japanese text and instruction page 48, 112-119
© 2020 Graphic-sha Publishing Co., Ltd.

ISBN 978-4-7661-3378-3

Printed and bound in Japan

Japanese Edition Creative Staff
Translation & Writing: Rica Shibata
Instruction pages: Yumiko Yasuda
Supervisor: Yumiko Yasuda
Layout: Shinichi Ishioka
Jacket design: CRKdesign (Chiaki Kitaya, Kuma Imamura)
Editor: Atsuko Sudo
Publishing coordinator: Takako Motoki (Graphic-sha Publishing Co., Ltd.)

Préface
はじめに

フランスの小学校ではかつて、刺しゅうや編み物、タペストリーが女の子の必修科目でした。わたしの祖母の時代には、そうした手仕事の腕前が、“いいお嫁さん”の条件だったのです。けれど、わたしの子ども時代になると、女性に対する古い考えはすたれ、手仕事は義務ではなく楽しむためのものになりました。女の子たちはクロスステッチで刺しゅうをしたり、ちょっとした小物を作ったり、初めてのハンドメイドにときめいたものです。

『フランス12か月の行事と遊びのクロスステッチ』は、レトロなテイストであふれています。わたし自身が初めてステッチした“あの頃”をなつかしく思い出しながら、ノスタルジックなストーリーを描きました。

この本の語り手は小さな子どもたち。クレープが上手に裏返せたこと、パリ祭の日に見た花火の華やかさ、大好きな積み木のおもちゃやお人形のこと……。ひと針ひと針ちくちく針を進めるごとに、おしゃまに語りかけてくるでしょう。

ヴェロニク・アンジャンジェ（Véronique Enginger）

renard

Sommaire もくじ

Chapitre 1

第１章

お祝いごとのクロスステッチ

フランスの四季は、お祭りや祝いごとで彩られています。
文化に根づいた習慣やイベント、キリスト教にまつわる聖なる日、
そして各地方に伝わる個性的なお祭り……。
こうしたハレの日は、家族や親しい人たちが集う特別な日。
プレゼントを贈りあったり、ごちそうに舌鼓を打ったり、
笑顔あふれるすてきなひとときになるのです。

第１章は、フランスの年中行事がテーマ。
バラエティに富んだモチーフをステッチしながら、
フランスで暮らすような気分になって、
豊かな日常を演出してください！

Jour de l'an

元旦　チャート：P. 50

クリスマスは家族で過ごすのに対し、大みそかは友人とにぎやかに過ごす日。時計の針が12時を指すと、「Bonne Année！（明けましておめでとう！）」の声とともにシャンパンで乾杯し、ほっぺにキスを交わします。

新年のお楽しみ

フランスでも、新年に子どもたちにお年玉を渡す習慣があります。古代ローマの力を司る女神ストレニア（Strenia）が、お年玉（étrennes）の語源だといわれています。女神はサビニ人（ローマ北東に住んでいた古代の部族）の王に、新年の吉兆の証に聖なる草、クマツヅラを贈ったといいます。いつしかローマ人は、よい年が訪れるようにとの願いを込め、友人や親戚にいちじくやナツメヤシ、はちみつを贈るようになりました。やがて幸福と繁栄を願う言葉を交わしながら、現金やメダルを贈るようになったのです。

大晦日や新年の食卓には、ヤドリギとヒイラギを飾ります。これは、常緑の葉が超自然な力を表すという古い信仰に基づいています。ケルトの古代信仰では、ヤドリギは幸福、多産、繁栄のシンボルとされ、災いや悪霊から守ってくれると信じられていました。また、大晦日の夜にヤドリギの木の下でキスをしたカップルは、1年以内に結婚するという言い伝えもあります。

Bonne Année！（明けましておめでとう！）

作品内のフランス語

JANVIER	1月
Bonne Année	明けましておめでとう

31
1
JANVIER
Bonne Année

ガレットの日

チャート：P. 51

1月になると、おひさま色のパイ「ガレット・デ・ロワ（galette des rois／王様たちのガレット）」が、お菓子屋さんやパン屋さんのウインドーに咲き誇ります。

年頭の運試し

1月6日の「エピファニー（Épiphanie／公現祭）」は、イエス・キリストの出現を祝う日。聖書によると、この日、東方の三博士が星に導かれてベツレヘムにやって来て、幼子イエスに贈り物を捧げたとされています。

今日（こんにち）では宗教色は薄れ、「ガレット・デ・ロワ（galette des rois）」を食べる日として知られています。ガレット・デ・ロワとは、カスタード＆アーモンドをあわせたクリームを詰めたパイのお菓子。クリームの中に「フェーヴ（fève）」と呼ばれる陶器の小さなオブジェを忍ばせて焼き上げます。ガレットを家庭で食べるときには、家族で一番年下の子どもがテーブルの下にもぐり込み、切り分けたガレットをそれぞれ誰に配るかを決めるのがお約束。フェーヴが当たった人は1年の幸せが約束され、紙でできた王冠をかぶり、“王様”や“女王様”としてその日を過ごします。

ガレット・デ・ロワの起源は古代ローマにさかのぼります。乾燥そら豆を1つ入れたお菓子を切り分け、そら豆を当てた人が祝宴の王を務めたのです。この伝統はやがて、東方の三博士のエピソードと結びつけられました。そら豆はいつしか陶器製の小さなオブジェに変わりましたが、フェーヴ（そら豆）という呼び名は残りました。

クレープの日

チャート：P. 52

クリスマスから40日後にあたる2月2日は、
「シャンドゥルール（Chandeleur／聖燭祭）」と呼ばれる
聖母マリアお清めの祝日。この日は、クレープを食べる習慣があります。

クレープ占い

「シャンドゥルール（聖燭祭）」は光を称えるロウソクのお祭り。聖母マリアのお清めの儀式の際に、人々がロウソクを灯して見守ったことに由来します。

キリスト教の聖燭祭が根づく前、ヨーロッパではこの日に大地の浄化と豊作を祈願して、前の年に収穫した小麦の粉でクレープを作る習慣がありました。種まきの時期がはじまるからです。黄金色に焼けた丸いクレープは太陽と繁栄のシンボル。クレープを食べる習慣には豊穣への願いが込められていたのです。

この習慣は今も続き、2月2日は家庭でクレープを焼いて食べます。片手にフライパンを持ちクレープ生地を広げ、もう片方の手には金貨を握ります。クレープが焼けたら宙に投げてひっくり返し、見事フライパンに戻すことができたら、その年は幸運に恵まれるといわれています。

1812年2月2日、かのナポレオンはクレープを焼き、ロシア遠征の勝利を占ったといわれています。5枚のうち4枚はフライパンに戻すことができましたが、最後の1枚は失敗。モスクワが火の海になり、フランス軍が撤退を強いられることになった日、ナポレオンはこうつぶやいたのだとか。

「5枚目のクレープは、この誤算を予測したのか」

作品内のフランス語	
Les crêpes（レ・クレープ）	クレープ
Farine（ファリンヌ）	小麦粉
LAIT（レ）	牛乳

les crêpes
Farine
LAIT
RIBBON

Mardi gras
マルディ・グラ

チャート：P. 53

「マルディ・グラ（Mardi gras／肥沃な火曜日）」は、
四旬節と呼ばれる断食期間がはじまる前の日。謝肉祭の最終日にあたり、
揚げ菓子やクレープを食べて祝います。

カーニバルの季節

　キリスト教では「灰の水曜日」から復活祭までの40日間は、「四旬節」と呼ばれる断食期間。かつては肉や乳製品、卵を摂ることが禁止されていたので、家にあるバターやオイル、卵などを使い切る必要がありました。手早く、大量に作れるお菓子をということで、ベニエ（ドーナツ）やゴーフル、クレープを作るようになったといいます。

　四旬節の前には謝肉祭（カーニバル）が行われます。カーニバルといえば、仮装してマスクをつけて街を練り歩くパレード。中世の時代でも、身分や秩序に反して仮装することが許されていたのです。貧しい者は金持ちに、男は女に、女は男に……。

　カーニバルの語源は、古期イタリア語のcarnevale（カルネヴァーレ）で、carne（肉）をlevare（取り除く）という意味。翌日からの肉を控えた禁欲生活を暗示しています。それゆえ、謝肉祭の最終日マルディ・グラには、肉とお菓子をたくさん食べてお祝いするのです。

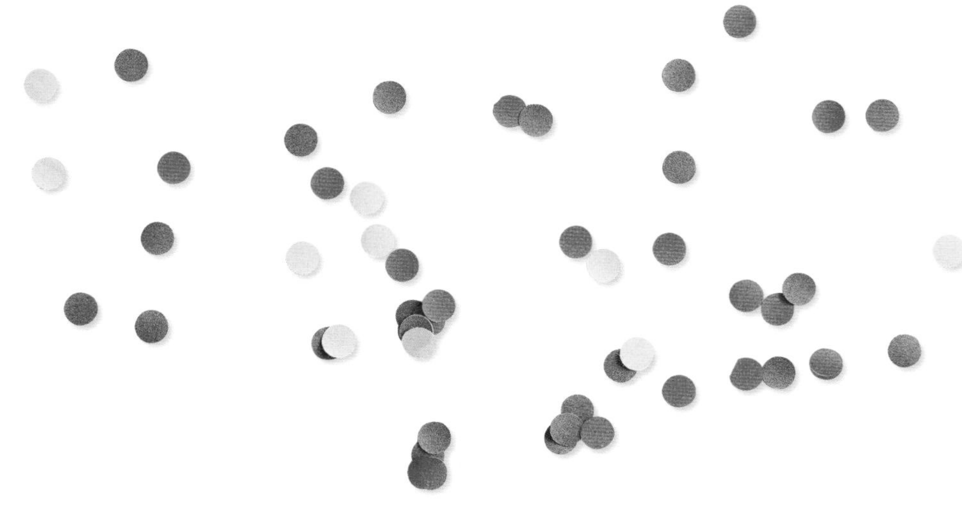

Fêtes du citron et du mimosa
レモン祭りとミモザ祭り

チャート：P.54

コート・ダジュールの海と空の碧さに映える、
レモンとミモザの黄色。ビビッドな色彩のコントラストは、
ひと足早い春の訪れを予感させます。

紺碧海岸（コート・ダジュール）を彩るレモン色

コート・ダジュールでレモンの栽培がはじまったのは、14世紀といわれています。地中海の温暖な気候がレモン栽培に適し、ニースからジェノヴァにかけて一大産地となりました。代表的な生産地のマントンでは、毎年2月に盛大なレモン祭りが催されます。このレモン祭りがはじまったのは1895年。冬の閑散期の町おこしのために、ホテル経営者たちがカーニバルの伝統にならったパレードを計画したことがはじまりです。1929年にマントンのレモン生産量が世界一になると、翌年からはパレードにレモンやオレンジが登場するようになりました。そして1934年には、マントン市がレモン祭りを開催するようになったのです。このお祭りの目玉は、大量のレモンやオレンジで飾られた巨大な山車のパレード。また、テーマに沿ったオブジェやモニュメントも作られます。

オーストラリア原産のミモザが、フランスで知られるようになったのは1880年ごろ。カンヌ近郊のボルム＝レ＝ミモザ村（Bormes-les-Mimosas）から海岸線を抜け、香水で有名なグラースまで続く130キロの道は「ミモザ街道」と呼ばれ、沿道の村々では2月にミモザ祭りが行われます。

作品内のフランス語

SENTEURS DU SUD（サントゥール・デュ・スュッド）　南仏の香り

SENTEURS du SUD

Saint-Valentin

バレンタインデー

チャート：P. 55

バレンタインデーは、恋人たちのお祭りの日。愛の言葉をしたためた手紙や、花束、チョコレートなどを贈りあい、夫婦やカップルだけでロマンティックなディナーを楽しみます。

恋の守護聖人が見守る村

古代ローマでは、豊穣と羊と農地の神であるルペルクスを称え、2月15日に「ルペルカリア祭」を祝いました。未婚の男女が誰とお祭りを楽しむかは抽選で決まったといいます。前日の2月14日に、未婚の女性が羊皮紙に自分の名前を書いて抽選用の壺に入れ、独身の男性が壺から羊皮紙を1枚引いて、相手が決まる……。これがバレンタインデーの起源だといわれています。

フランスのほぼ中央に位置し、フランスの心臓（ハート）と呼ばれるサン・ヴァランタン（St Valentin／聖ヴァレンタイン）は、人口300人ほどの小さな村。1965年、この村で初めてバレンタインデーのお祭りが開催されました。1980年代になると、“恋人たちの聖地”として村おこしに乗り出し、今では世界各地から恋人たちが集う愛のパワースポットに。村のいたるところにハートのモチーフが施され、この地とゆかりの深い“愛の画家”レイモン・ペイネのイラストがお店の扉や壁面、郵便ポストを彩ります。目指すは教会の向かいにたたずむ「愛の木」。願いごとを書いたカードをこの木に結べば、願いが叶うといわれているのです。村の郵便局から手紙やハガキを出すと、２つのハートがデザインされた消印を押してくれる心にくいサービスも。2月14日には限定の消印も登場します。

作品内のフランス語

Pour Toi（プール・トワ）	あなたへ

Pour Toi

Pâques

復活祭 チャート：P. 56

「復活祭（Pâques）」が近づくと、お菓子屋さんやショコラトリーには、
さまざまなモチーフのチョコレートが並びます。
フランスでチョコレートの季節といえば、復活祭とクリスマスなのです。

復活祭のお菓子

イエスの復活を祝した復活祭は、キリスト教において最も重要なお祭りです。けれども、もともとは、再生と豊穣の象徴である春の到来を祝うお祭りでした。復活祭に卵や鶏、うさぎなどをかたどったチョコレートが並ぶのは、この伝統から生まれたものなのです。

もうひとつ、復活祭に欠かせないモチーフといえば鐘ですが、こんな言い伝えがあります。復活祭の前日までの1 週間は「聖週間」と呼ばれ、教会はイエスの死を悼んで鐘を鳴らすのを控えます。すると鐘はローマに向かい、そして復活祭の朝にチョコレートの卵を乗せて戻り、家々の庭にその卵を落とすのだとか……。

フランス各地に、復活祭ならではの祝い菓子があります。アルザス地方の「アニョー・パスカル（Agneau pascal／復活祭の仔羊）」は、羊を模した陶器の焼き型で、ビスキュイ生地を焼き上げた素朴なお菓子。ドローム県の「ポーニュ（Pogne）」は、オレンジが香るブリオッシュ生地をリング形に焼いたお菓子。かつては、復活祭前の四旬節の間は卵を摂るのが禁じられていました。四旬節が終わると、この40日の間に鶏が産んだ卵を消費しなくてはなりません。ですから、こうしたお菓子を作ったのです。

作品内のフランス語

Joyeuses Pâques（ジョワイユーズ・パック）	復活祭おめでとう

Joyeuses
Pâques

Ferias
バスク地方のお祭り

チャート：P. 57

フランス南西部のバスク地方には、独自の文化や伝統が今も息づいています。ここはフランスにおけるチョコレート発祥の地として知られるだけではなく、生ハム、エスプレット唐辛子、さくらんぼなど、おいしい名産品の宝庫！

お祭りのシーズン

独自の文化に誇りを持っているバスク地方では、「フェリア(Feria)」をはじめ、固有のお祭りがたくさんあります。フェリアはもともと、守護聖人を祝うほか、収穫のはじまりや終わりを祝うお祭りでした。バイヨンヌ(Bayonne)のフェリアは最大の規模を誇り、8月第1週の日曜日までの5日間にわたり、伝統音楽や民族舞踊、山車のパレード、花火大会などが行われます。なかでも目玉のイベントは牛追い。放たれた牛の群れの前を人々が走るのです。参加者たちは白い服に赤いスカーフをまとうのが習わしで、街中が赤×白で埋めつくされ熱気に包まれます。

フランスきっての美食エリアとしても知られるバスク地方では、独自の食文化が発達し、食にまつわるお祭りも盛んです。バイヨンヌで4月に開催される生ハム祭りは、15世紀の半ばから続く由緒あるお祭り。さくらんぼの産地イッツァス村(Itxassou)では、6月にさくらんぼ祭り。エスプレット村(Espelette)では、10月の最後の週末に唐辛子祭りが開催されます。この村特産のエスプレット唐辛子は、マイルドな辛さが特徴で、バスク料理に欠かせない食材です。

RIBBON

Poisson d'avril

エイプリルフール　チャート：P. 58

フランス語でエイプリルフールは、「poisson d'avril（ポワソン・ダヴリル）(4月の魚)」と呼ばれます。
この日は、家族や友達に嘘をついてかついだり、いたずらをしかけて楽しみます。

4月の魚

子どもたちに人気なのが、紙に描いた魚を切り取り、友達の背中にこっそり貼るいたずら。相手が魚の絵に気づいたら、「poisson d'avril（ポワソン・ダヴリル）！」と叫んでからかいます。

なぜ魚なのでしょう？ 4月上旬が魚の産卵期にあたる地域では、その時期は禁漁とされていました。そこである人が冗談で、作り物の魚を漁師に渡して、「poisson d'avril（ポワソン・ダヴリル）！（ほら、4月の魚だよ！）」と言ったからだという説が。

フランスでは1564年まで、1年のはじまりは4月1日でした。けれどこの年、国王シャルル9世は暦を変更し、新年が1月1日にはじまるよう定めたのです。そのため人々は、1565年の1月1日に、よき年を願ってプレゼントやお年玉を贈り、年始を祝いました。ところが、新しい暦になじめず、1月1日に年が改まったことを知らない人もたくさんおり、相変わらず4月1日を新年として祝ったのです。そこで、いたずら好きの人たちは、偽のプレゼントや、笑いを誘うような贈り物をしてからかいました。こうしたことから、毎年4月1日に、いたずらをしかけるようになったのだとか……。

作品内のフランス語	
イレ・ル・メッサージェ・ドゥ・モ・ナミティエ Il est le messager de mon amitié	（この魚は）友情の使者
イル・ポルト・シャンス・ア・キ・ルソワ Il porte chance à qui le reçoit	（これを）受け取った人に幸運をもたらす
ジュ・ポルト・ボヌール・ア・キ・ドヌ・ソン・クール Je porte bonheur A qui donne son cœur	心を許してくれた人に（私は）幸福をもたらす
プルミエ・アヴリル 1 er AvRiL	4月1日

Il est le messager de mon amitié
Il porte chance à qui le reçoit
Je porte bonheur
A qui donne son cœur
1er AVRIL

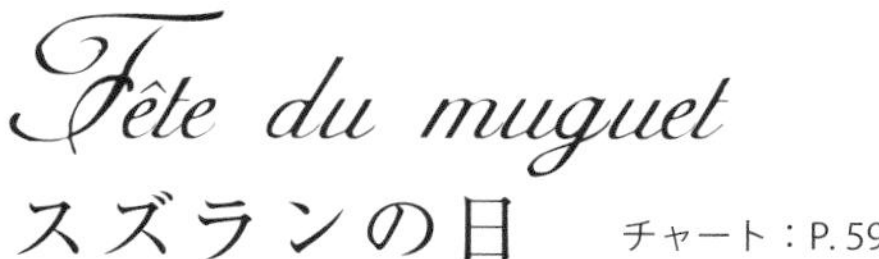

Fête du muguet
スズランの日 チャート：P. 59

5月1日は大切な人にスズランを贈る日。
贈られた人には幸運が訪れるといわれています。
中世の時代から、スズランは幸福をもたらす花だと信じられていたのです……。

労働者の祭典

1561年の5月1日、フランス王シャルル9世(Charles IX)は、スズランの花束を受け取りました。王はたいそうお気に召し、それ以降、毎年この日に宮廷の婦人たちに贈ることにしたのです。これがフランスのスズランの日のはじまりです。

“偽スズラン”の別名を持つクルマバソウにも、5月1日をめぐるすてきな風習が。クルマバソウを白ワインに漬け込んだ甘口のお酒「メトランク(Maitrank)」は、“5月の飲み物”とも呼ばれ、5月1日にこのお酒に唇を浸すだけで、その年はずっと幸せが訪れるといわれていました。

5月1日はまた、労働者の祭典(メーデー)でもあります。スズランの日とは無関係ですが、デモの参加者は、かつては赤い野バラを、最近ではスズランをボタンホールに刺して行進します。この日はクリスマスと元旦に次ぐ大切な休日で、会社や商店をはじめ、すべてがお休み。医療関係やホテルなど休みのとれない職場では、この日に出勤すると通常の倍の賃金が支払われます。皆がお休みのこの日、街角にはスズランの花束を売って“労働”する人が現れますが、申請書も税金も免除で、スズランの花を売ることが許可されているのです。

作品内のフランス語	
Bonheur（ボヌール）	幸福

Bonheur

Fêtes des mères

母の日　チャート：P. 60

フランスでは、５月最後の日曜日が母の日にあたります。
ただし、移動祝日であるキリスト教の「聖霊降臨祭（Pentecôt）」が
同じ日曜日となってしまう年には、６月の第１日曜日に振り替えられます。

フランスの母の日

母親を称えるお祝いの起源は、はるか古代ギリシャの時代にさかのぼります。ゼウスをはじめとする神々の母レアに敬意を表し、春にお祭りが行われたのです。

ナポレオン（Napoléon Bonaparte）は1806年に、母親を祝福する行事を提案しました。けれども、この考えがフランスで実現したのは100年後。1906年、イゼール県で子だくさんの母親が表彰される式が行われ、これがフランスにおける母の日のはじまりだといわれています。

現在のような「母の日」は、アメリカ発祥のお祝いです。第一次世界大戦の終結後、米国の兵士がヨーロッパに来たのをきっかけに、フランスに伝わりました。1926年には政府が公式行事として母の日を認め、ペタン元帥（Philippe Pétain）のヴィシー政権下の1941年に母の日が制定され、フランス全土に普及したのです。

この日は母親に小物やアクセサリー、花束などを贈り、日ごろの感謝を伝えます。日本ではカーネーションが定番ですが、フランスではとくに決まりはなく、バラや牡丹、胡蝶蘭などエレガントな花が人気です。

作品内のフランス語

pou la fête（プール・ラ・フェット）	お祝いのために
BONNE FÊTE（ボンヌ・フェット）	すてきなお祭りを
Bonne Fête Maman（ボンヌ・フェット・ママン）	母の日おめでとう

Pour la Fête
BONNE FÊTE
Bonne Fête Maman

Fête de la musique
音楽の日　チャート：P. 61

1年で一番昼が長い6月21日の夏至の日には、フランス中が音楽であふれます。
ジャンルを問わず音楽イベントがあちこちで開催され、
街角が即席のコンサート会場に。

すべての人に音楽を

「音楽の祭日（fête de la musique（フェット・ドゥ・ラ・ミュージック））」は、1982年に文化相のジャック・ラング（Jack Mathieu Emile Lang）の提唱ではじまりました。"音楽はすべての人のためのもの"をスローガンに、カフェやレストラン、メトロや電車、公共施設、観光スポット、公園や路上にいたるまでどこでも、プロアマ問わず誰もが音楽を自由に演奏できる1日です。街角で音楽がはじまったとたん、道行く人も足を止めて、メロディーにあわせて歌ったり踊ったり……。フランス人にとっては、自由を謳歌し、生きる喜びを祝うお祭りなのです。この音楽の祭日は30年足らずで世界中に広まり、今では5つの大陸の100以上の国で行われています。

また、パリでは夜が昼より長くなる日、10月の最初の週末に、「白夜祭（nuit blanche（ニュイ・ブランシュ））」が開催されます。この日は文化施設が夜間に開放され、歴史的建造物やモニュメントがライトアップされ、アートイベントやコンサートなどが夜通し行われます。

作ってみましょう

Le coussin Musique
音楽の日のクッション　作り方：P. 118

このクッションに寄りかかってうとうと……
女の子が奏でるメロディーが、
ロマンティックな夢を運んできそう。

Fête de la Saint-Jean

聖ヨハネの火祭り

チャート：P. 62

6月24日の「聖ヨハネの祝日（Fête de la Saint-Jean）」は、
洗礼者ヨハネが生まれたとされる日。
この日は夏の到来を祝い、焚火をする風習が各地に残っています。

聖ヨハネと夏至の日

「聖ヨハネの祝日」には、たいまつや焚火に火をくべ、ランタンを飛ばしたり、提灯を手に練り歩いたり……。太い薪を高さ10メートルほどに組み上げ、焚火をする地域もあります。

聖ヨハネの祝日の起源は、はるか昔。古代のケルト人やゲルマン人は、夏至の日に、お清めの力があるとされる火を灯して、豊作を祈願したのです。“夏至の炎”と呼ばれるこの風習は太陽信仰に由来しています。カトリック教会は、洗礼者聖ヨハネを“燃え盛り光り輝く明かり”とみなしていたので、ヨハネの誕生と夏至を結びつけ、この風習をキリスト教の行事に取り入れたのです。

この日にちなんだ植物もあります。セント・ジョーンズ・ワート（セイヨウオトギリソウ）は、“聖ヨハネのハーブ”とも呼ばれ、聖ヨハネの日に摘むと効能が高いといわれていました。また、早朝に裸足で野原に出かけ、このハーブを黄金のナイフで摘み取れば、悪霊を退治でき、熱が下がるとも信じられていました。

Fête nationale

パリ祭

チャート：P. 63

日本では1933年に公開されたルネ・クレール監督の映画の邦題から、
「パリ祭」の名称で広く知られていますが、フランスでは「7月14日（キャトルズ・ジュイエ）」と呼ばれる国民の祝日です。

フランス国の成立を祝して

7月14日はフランス共和国の発足を祝う日で、歴史に大きな影響をもたらした２つの出来事に由来します。1789年7月14日、パリの民衆がバスチーユ監獄を襲撃。これを機にフランス革命が勃発し、王制は廃止されました。そして翌年1790年の同日に、この事件の一周年を記念して全国連盟祭が催されたのです。

7月14日の朝、パリの上空に戦闘機が青、赤、白のトリコロールを描くと、お祭りのスタート。空軍の航空ショーや、シャンゼリゼ通りからコンコルド広場まで軍事パレードが開催されます。また、消防団によるダンスパーティー、フランス国立管弦楽団や放送合唱団によるコンサートなど、さまざまなイベントが目白押し。そして夜にはライトアップされたエッフェル塔をバックに、花火が盛大に打ち上げられます。

この日はまた、本格的なバカンスシーズンの到来を告げる日。街から人が消え、お休みの商店が増え、1年で一番パリが静かになる時期に入るのです。

Fête de la lavande

ラベンダー祭り

チャート：P. 64

“ラベンダーはプロヴァンスの魂”。
『木を植えた男』で知られる作家ジャン・ジオノ（Jean Giono）がこう称えたように、
夏のプロヴァンス地方は紫色のじゅうたんで覆われます。

ラベンダー鉄道

南仏プロヴァンスでは、中世の時代からラベンダーは香水や薬の原料として使われていました。19世紀から栽培が盛んになり、今では世界屈指のラベンダー産地として知られています。ラベンダーは品種や気候、環境によって、6月中旬から8月初旬に収穫され、主要産地ではラベンダー祭りが開催されます。ディーニュ＝レ＝バン（Digne-les-Bains）の「ラベンダーの山車行列（Corso de la Lavande）（コルソ・ドゥ・ラ・ラヴァンド）」は、7月末から5日間にわたって催されるお祭り。ラベンダーの花で飾られた山車のパレードや花火の打ち上げ、大道芸、民族衣装をまとった人々のダンスなどが行われます。

この町とニースを結ぶルートを、プロヴァンス鉄道の“松ぼっくり列車（Train des Pignes）（トラン・デ・ピーニュ）”と呼ばれる観光列車が走っています。全長151キロを3時間20分かけて進むので、大きな車窓から美しい風景を思う存分に楽しめます。同じくプロヴァンス鉄道の、ピュジェ・テニエ（Puget-Théniers）からアノ（Annot）の間は、5月〜10月の金曜と日曜（または金曜か日曜）に、1920年代の蒸気機関車が走ります。

新学期

チャート：P. 65

フランスの新学期は9月にスタートします。ヴァカンスも終わりに近づくと、スーパーや大型店には、通学用カバンや文房具などのアイテムが並び、お店のウインドーも文房具の飾りつけが目立ちます。

フランスの小学校

フランスでは6歳前後で小学校に入学し、５年生まで学びます。学年は暦年で区切るため、1月生まれの子が最年長。

新学期に備えて担任の先生から渡される持ち物リストには、文房具の数まで記載されているので、リストに基づいて準備をします。「キャルターブル（cartable）」と呼ばれる横長のリュックタイプのカバンを背負って通学し、登下校の際は、保護者が送り迎えをするという決まりがあります。

授業の内容やカリキュラムは、担任の先生によってさまざま。そのため、教科書はクラスごとに異なります。教科書は学年が終わったら返却するシステムなので、落書きはもってのほか。

小学校のお昼休みは2時間近くあり、家に帰って食べる子もいますが、学食で給食を食べる子も。給食といえども、前菜、メイン、チーズ、デザートのフルコース。美食の国フランスの食育は、幼いころからはじまっているのです。

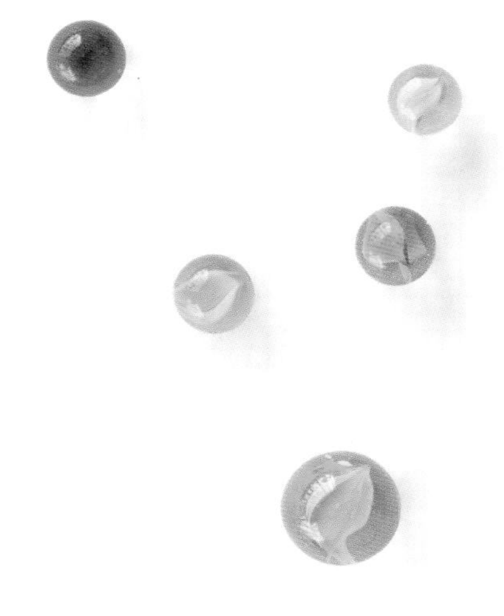

作品内のフランス語

エール・エール・エール
R　r　r

セ・ラ・ロントレ
c'est la rentrée！　新学期です！

R r r
c'est la
rentrée !

Fête des vendanges

ぶどう収穫祭　チャート：P.66

フランスといえばワイン！と答える人も多いはず。
そんなワイン王国のフランスでは、ワイン用のぶどうの収穫は
「ヴァンダンジュ(Vendange)」と呼ばれ、7月〜10月がシーズンです。

パリのぶどう畑

ワイン用のぶどうはフランス各地で栽培されていますが、とくに南西部のボルドー周辺と、北部のシャンパーニュ地方にぶどう畑が多く広がっています。けれども、パリ市内にもぶどう畑があるのをご存知ですか？

ユトリロやロートレックなど、エコール・ド・パリの画家たちが集ったモンマルトルは、風車や石畳が残る古きよき時代の面影を残した地域。ここに、パリ市内唯一の小さなぶどう畑があるのです。このぶどう畑の歴史は12世紀にさかのぼります。当時のモンマルトルは、パリ郊外の独立した村でした。モンマルトル女子修道院の尼僧たちがぶどうの苗を植え、ワイン製造にのりだしたのをきっかけに、ぶどうの栽培が盛んになりました。パリ市に編入されるまで、モンマルトルの丘の四分の三はぶどう畑だったといいます。1928年にぶどう畑は消滅しましたが、1933年に景観保護の観点などから現在の位置にぶどう畑が作られたのです。

「モンマルトルぶどう収穫祭(Fête des vendanges de Montmartre)」は、このぶどう畑で採れたぶどうで作った新酒を祝うお祭り。ワインの即売会や試飲会だけでなく、名産品の屋台や各地の文化を紹介するブースが立ち並び、盛大なパレードも行われます。

Festival maritime en Bretagne

海のお祭り

チャート：P. 67

フランス北西部に位置するブルターニュ地方は、
大西洋と英仏海峡に面した半島で、フランスきっての海洋王国。
ケルトの文化をはじめ、独自の文化が今もなお残っています。

ブルターニュ地方の海洋祭

ブルターニュ地方の沿岸地域では、海にまつわるお祭りやイベントが盛んですが、ブルターニュの民族性を打ち出すようになったのは、19世紀に観光事業が盛んになってから。

とくに人気のお祭りは、ブレスト（Brest）の「国際海洋祭（Fêtes maritimes internationales）」。これは1986年、イワシ漁の主要港ドゥアルヌネ（Douarnenez）に、フランス、イギリス、北欧の船舶が集結したことがきっかけとなりました。このイベントは大人気を博し、大勢の観光客を迎え入れられるよう、隣町のブレストで開催される運びとなったのです。今ではこの海洋祭は4年おきに行われ、船舶が集結する祭典においては世界でも最大規模のお祭りのひとつに成長しました。来客数は70万人、参加する船舶は1000隻以上！ 各国の船や海軍をまぢかで見たり、水兵さんと交流したり、マリン好きにはたまらない機会です。

また、キブロン（Quiberon）で5月に行われる「ホタテ祭り（Fête de la Coquille Saint-Jacques）」は、その名の通りホタテの販売や、有名シェフによる実演、コンサートなどのイベントが目白押し。小舟に乗って海に出て、漁船が漁をする様子を見ることもできます。

Fête du fromage en Savoies

チーズ祭り

チャート：P.68

スイスとイタリアに国境を接するサヴォワは、
雄大なアルプス山脈に抱かれた美しい地方。
豊かな自然が育んだ牛のミルクを使った、乳製品やチーズも有名です。

サヴォワ地方のチーズ祭り

フランスには、毎日食べても1年では食べきれないほどの種類のチーズがあるといわれ、各地方や村ごとに名産のチーズがあります。山岳地帯のサヴォワ地方は冬の寒さが厳しいため、長期保存の利くチーズが多く、「トム・ドゥ・サヴォワ(Tomme de Savoie)」や「ボーフォール(Beaufort)」「ルブロション(Reblochon)」などが知られています。また、チーズを主役にした熱々の郷土料理が多いのも、寒い地方ならでは。溶かしたチーズにバゲットや野菜を浸しながら食べる「フォンデュ・オ・フロマージュ(Fondue au fromage)」、チーズの断面を直火で溶かし、溶けたチーズを削ってじゃがいもなどにからめて食べる「ラクレット(Raclette)」、じゃがいもとベーコンに生クリームとチーズをたっぷりかけたグラタン風料理「タルティフレット(Tartiflette)」……。

そんなチーズ王国サヴォワ地方では、2005年から「チーズ祭り(Fête du fromage)」が毎年7月に開催されています。地元住民とチーズ生産者との交流を目的にはじまったこのお祭りでは、個性豊かなさまざまなチーズを味わえます。

Noël en Alsace

クリスマス　チャート：P. 69

フランス北東部のアルザス地方はドイツと国境を接し、ドイツの影響が色濃いエリア。
運河沿いの木組みの家々に、華やぐイルミネーション……。
街中が幻想的な雰囲気に包まれ、まるでおとぎの国のクリスマス！

アルザス地方のクリスマス

11月末から年末にかけて、各地でクリスマスマーケットが開催されます。なかでもアルザス地方の玄関口、ストラスブールのマーケットはフランス最大規模。街の中心の大聖堂広場には大きなツリーが飾られ、山小屋風の小さな屋台が軒を連ね、クリスマスのオーナメントやロウソク立て、テーブルまわりのアイテム、この地方のシンボルのコウノトリのグッズなどが並びます。

発酵生地を陶器の焼き型に入れて焼いた伝統菓子「クグロフ(Kouglof)」、スパイスを練り込んだクッキー生地を人形や星形に抜いた「ブレデル(Bredele)」、塩気が利いたハート形のパン「プレッツェル(Bretzel)」、スパイス＆はちみつ風味の生地を焼いた「パン・デピス(Pain d'epices)」など、アルザスならではのお菓子もクリスマスを彩ります。

アルザスの民族衣装はメルヘンそのもの。女性は大きなリボンのような黒い被り物と赤いスカート、そして黒いエプロン。男性は黒い帽子、白いシャツ、赤いベスト、黒いズボンがお決まりです。今でもクリスマスやお祭りのときには、この衣装をまとったアルザスっ子に出会えます。

作品内のフランス語	
NOËL（ノエル）	クリスマス

1
2
3
4
5
6
7
8
9
10
11
12
13
14
15
16
17
18
19
20
21
22
23
24
NOËL NOËL NOËL NOËL NOËL NOËL NOËL NOËL

Petit article

Le regard d'une créatrice

ヴェロニク・アンジャンジェのものづくり

1

ヴェロニク・アンジャンジェ。日本の布や模様に興味があり、自分で刺し子の作品を手がけるのが目下の夢。

運命の糸に導かれて

幸せなことに、クロスステッチ専門のデザイン画家として、この世界に携わってかれこれ40年になります。でも、クロスステッチが仕事になったのはまったくの偶然です。

わたしはパリの美術学校でテキスタイルデザインを学びました。学校を卒業するとすぐに、フランスの刺しゅう糸メーカー、DMCでインターンとして働くことになりました。プロの描いたイラストからチャートを起こすのが仕事でした。当時はまだパソコンがない時代。チャートは手描きだったので、マス目入りの半透明の紙をイラストの上に重ねて、マス目を塗りつぶしていくのです。まさに塗り絵のような感じで。根気のいる作業で時間もかかりましたが、今より時間の流れがゆっくりしていたような気がします。

そのうち、DMCからオリジナル作品でやってみないかと提案されて。こうしてプロのクリエーターとして、クロスステッチの世界と深く関わるようになったのです。

1980年代当時、DMCは私のようなデザイン画家をたくさん抱えていました。刺しゅうやタペストリーの新作をどんどん発表していたし、雑誌や新聞への作品提供の機会もたくさんありましたから。

わたしのパリ、ところどころ

今は、家族と暮らすパリ20区の自宅の一角がわたしのアトリエです。生まれも育ちもパリですから、煮詰まったら森に行こうというタイプではありません。パリではセーヌ川沿いの中心部が好きですね。シテ島の花のマルシェを覗いたり、露店の古本屋をひやかしたり。夜になるとノートルダム寺院やコンシェルジュリーなどの建造物がライトアップされて、ロマンティックなんですよ。

パリの街をただ歩くだけで、じゅうぶん気分転換になります。天気のいい日には地元のマルシェに出かけたり、ビュット・ショーモン公園を散歩したり。季節ごとの表情がとてもすてきです。

ハンドメイドやクラフト系のお店はわくわくする大好きな場所。きれいな紙や布、手芸道具、画材など、行くたびに新しい発見があります。なかでも、「レ・ブロドゥーズ・パリジェンヌ」は、ノスタルジックなモチーフの図案やキット、刺しゅうを施したアイテムを扱う魅力的なお店。

ルーヴルやオルセーをはじめ、美術館にもよく行きます。ミュージアムショップでアートグッズを眺めるのも楽しくて。マレ地区の「狩猟自然博物館」もお気に入りです。大きなクマのはく製から狩りの道具にいたるまで、昔の狩猟にまつわるものが展示されています。そしてサンジェルマン・デ・プレの「デロール」。昆虫の標本や動物のはく製のコレクションが並ぶ、ちょっと不思議な雰囲気のお店です。いい刺激を与えてくれるものがたくさんあるので、パリに住んでいてよかったなと思いますね。

P.112に続きます。

思い出が詰まった作品集。キャリアを重ねるにつれ、きめ細やかでしなやかな表現ができるようになった。

Les Grilles

ステッチをはじめましょう

― 第１章の作品チャート ―

わたしの描いた作品は、この本を手にしたあなたのものです。
完成写真をお手本にチャートを丸ごと刺してもいいし、
小さなモチーフを抜き出してワンポイント刺しゅうにしたり、
別のページのモチーフを組み合わせたり……。
リネンに刺せば繊細に仕上がりますが、アイーダに刺せば雰囲気が
変わってそれも面白いもの。
さあ、子どもの頃のようにのびのびと、自由にステッチを楽しんで、
あなたのストーリーを紡いでください。

本書では、「ハーフ・クロスステッチ」を「ハーフステッチ」と表記しています。
「ハーフステッチ」は２本どり、「バックステッチ」は１本どりで刺しゅうしています。糸の本数について別な指定がある場合は各チャートに明記しています。

元旦　作品▶P. 9

クロスステッチ
2本どり
351
349
747
598
3849
501
772
3346
471
676
729
3821
3854
3853
727
948
754
453
433
Blanc (白)
3799
ハーフステッチ
1本どり
453
バックステッチ
2本どり
349
バックステッチ
1本どり
3849
501
433
3799
31
1
JANVIER
501
3799
3849
Bonne Année

作品▶P. 11 ガレットの日

クレープの日

作品▶P. 13

作品▶P. 15 マルディ・グラ

レモン祭りとミモザ祭り

作品▶P. 17

作品▶P. 19 バレンタインデー

復活祭　作品▶P. 21

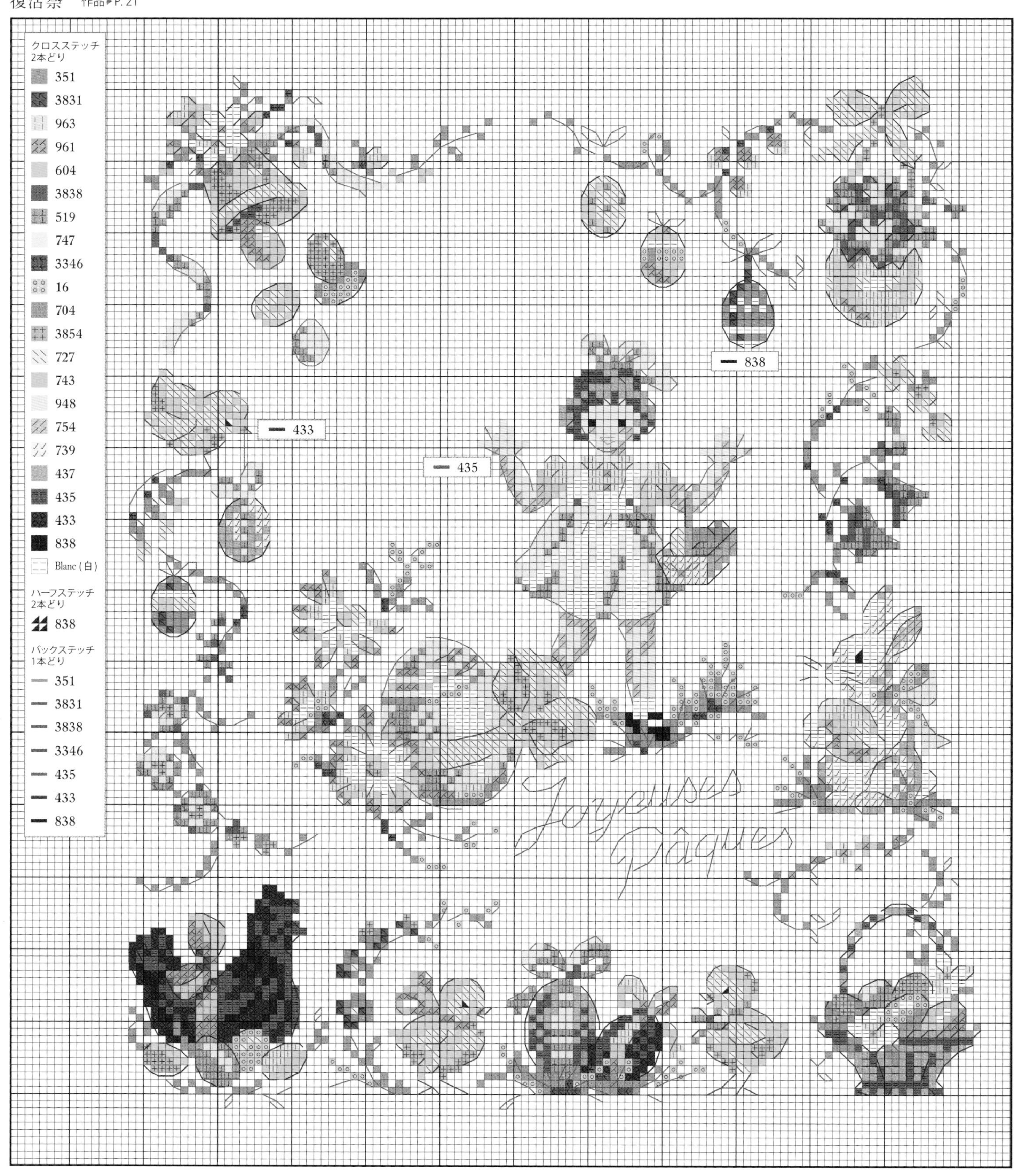
クロスステッチ
2本どり
351
3831
963
961
604
3838
519
747
3346
16
704
3854
727
743
948
754
739
437
435
433
838
Blanc (白)
ハーフステッチ
2本どり
838
バックステッチ
1本どり
351
3831
3838
3346
435
433
838
433
435
838
Joyeuses Pâques

作品▶P. 23 バスク地方のお祭り

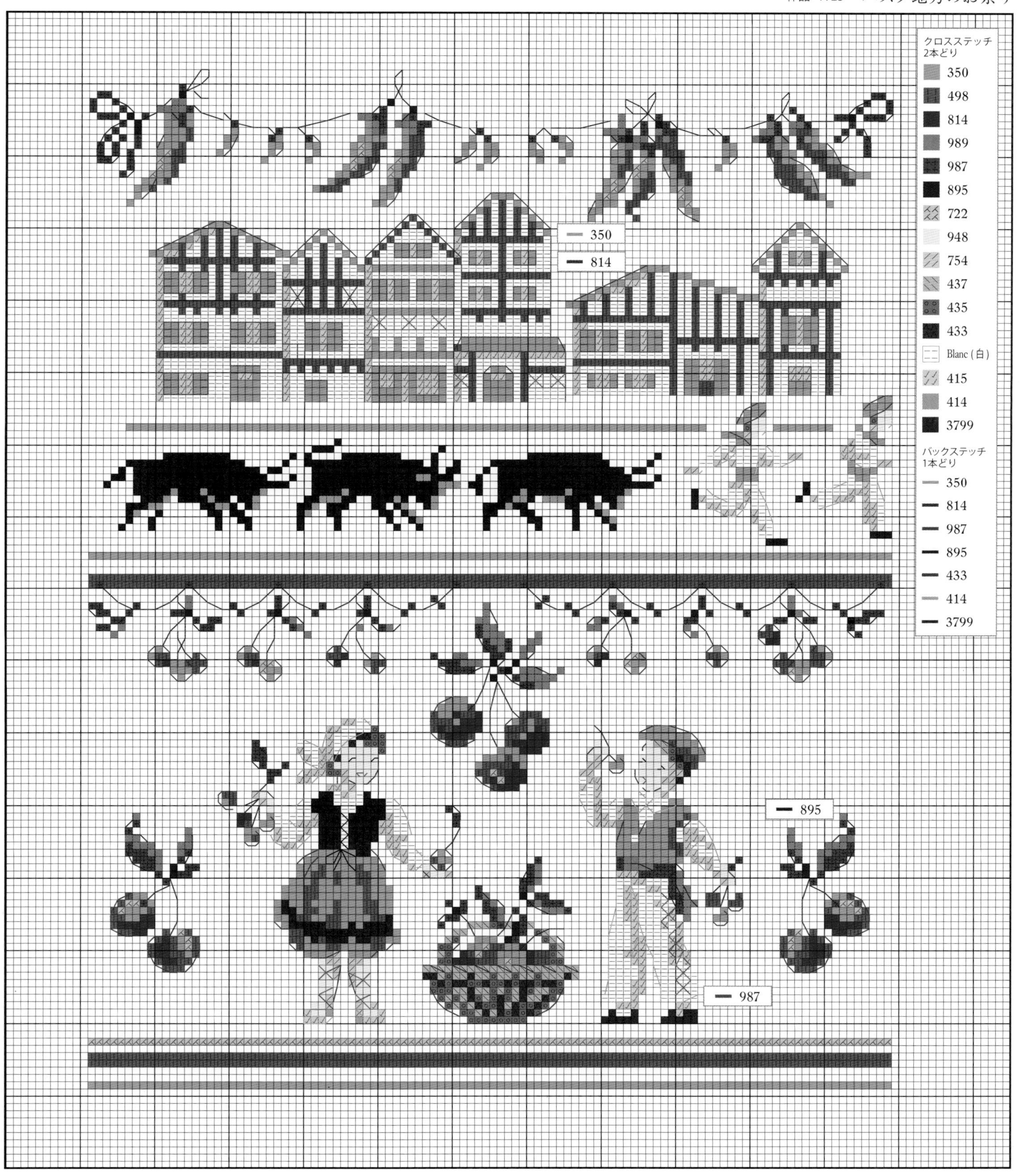

エイプリルフール　作品▶P. 25

Fête du muguet

作品▶P. 27

スズランの日

母の日 作品▶P. 29

クロスステッチ
2本どり
347
352
351
209
3837
153
3761
597
3809
164
988
986
3852
727
743
948
754
712
436
434
842
838
Blanc (白)
ハーフステッチ
2本どり
838
バックステッチ
2本どり
988
バックステッチ
1本どり
347
3809
986
434
838
フレンチノット
351
POUR la Fête
BONNE FÊTE
988
838
434
986
Bonne Fête Maman

クロスステッチ
2本どり
760
353
3731
3803
927
926
924
3347
472
471
3051
3078
948
754
434
ハーフステッチ
1本どり
353
760
927
472
471
バックステッチ
1本どり
3803
924
3347
3051
434
3347
3051

Fête de la Saint-Jean

聖ヨハネの火祭り

作品▶P. 33

作品▶P. 35　パリ祭

クロスステッチ
2本どり
347
351
815
825
3325
334
729
3854
744
948
754
434
Blanc (白)
318
317
3799
バックステッチ
1本どり
815
825
3854
434
3799

ラベンダー祭り

作品▶P. 37

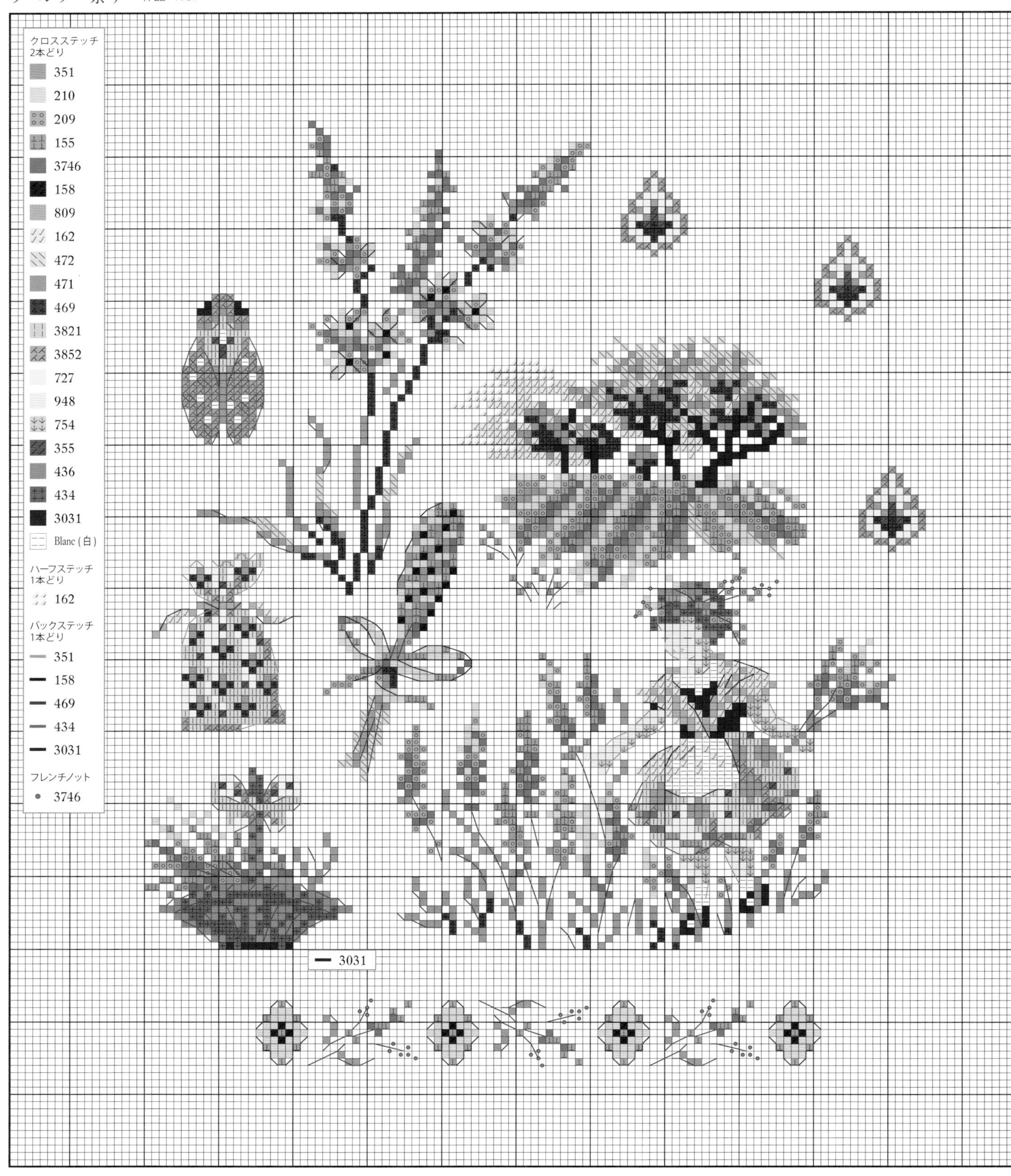

作品▶P. 39 新学期

rentrée !
クロスステッチ
2本どり
347
351
3689
3325
322
312
563
3815
977
726
742
948
754
436
434
801
Blanc (白)
415
317
3799
クロスステッチ
1本どり
3325
ハーフステッチ
2本どり
3799
ハーフステッチ
1本どり
347
3325
415
バックステッチ
1本どり
347
322
312
434
801
317
3799
フレンチノット
742

Fête des vendanges

ぶどう収穫祭

作品▶P. 41

作品▶P. 43 海のお祭り

クロスステッチ
2本どり
347
351
815
826
824
519
747
471
937
727
743
948
754
436
434
Blanc (白)
318
317
3799
ハーフステッチ
2本どり
3799
ハーフステッチ
1本どり
519
バックステッチ
1本どり
347
815
824
937
434
317
3799
3799

チーズ祭り

作品▶P. 45

クロスステッチ
2本どり
3833
3350
3685
155
157
792
3839
367
989
3348
3821
727
948
754
453
434
Blanc (白)
414
3799
ハーフステッチ
2本どり
Blanc (白)
3799
ハーフステッチ
1本どり
989
バックステッチ
1本どり
3833
3685
792
367
3821
434
414
3799
フレンチノット
3350
3833

作品▶P. 47 クリスマス

クロスステッチ 2本どり
351
349
816
598
3810
989
987
895
3078
948
754
436
434
801
Blanc (白)
415
317
3799
バックステッチ 1本どり
349
816
3810
989
895
434
801
317
3799
フレンチノット
349
Blanc (白)
349
989
895
3810
816
895

Chapitre 2

第2章
昔なつかしい遊びのクロスステッチ

アー・ベー・セー
A、B、C……。

小学校ではじめてアルファベットを習った日に思いを馳せながら、
かつての男の子・女の子たちが、遠い日の情景を語ってくれます。
なつかしいモチーフを通して、
子どものころのやさしい時間にタイムスリップ。
ノスタルジーに誘われて、クロスステッチの世界を楽しんでください。
また、あなた自身の子ども時代を思い出す機会になりますように。

針（aiguille）のA

刺しゅう（broderie）のB

そしてクロスステッチ（point de croix）のC……。

Alice et l'ane

アリスとろば

ジャック・ドゥミ監督の映画『ロバと王女(ポー・ダーヌ Peau d'Âne)』は、ファンタジーなミュージカル映画。1970年に公開されると、フランスで大ヒットしました。実の父である王様から結婚を迫られ、ろばの皮をかぶって逃げ出した王女。やがて森で出会った王子に恋をし、ケーキを作って自分の指輪をしのばせます。王子はこの指輪のサイズにあう女性を探しますが……。ロマンティックな"愛のケーキ"に、当時の女の子たちは皆うっとりしました。

アヴォワンヌ
Avoine：オーツ麦

アヴィオン
Avion：飛行機

アーヌ
Âne：ろば

アロゾワール
Arrosoir：じょうろ

アルブル
Arbre：木

アベイユ
Abeille：みつばち

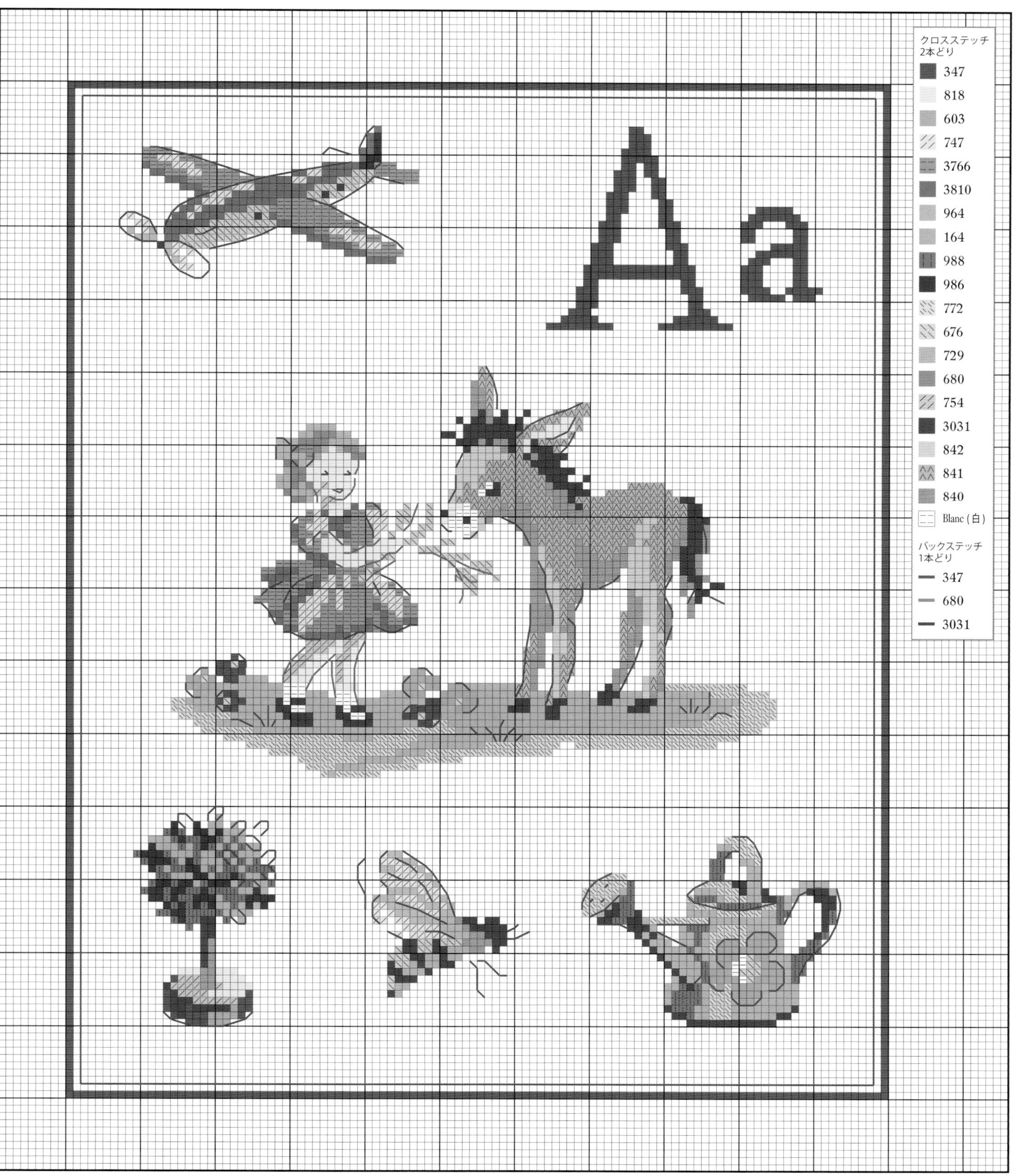
クロスステッチ
2本どり
347
818
603
747
3766
3810
964
164
988
986
772
676
729
680
754
3031
842
841
840
Blanc (白)
バックステッチ
1本どり
347
680
3031

Bastien et le biscuit

バスチャンとビスケット

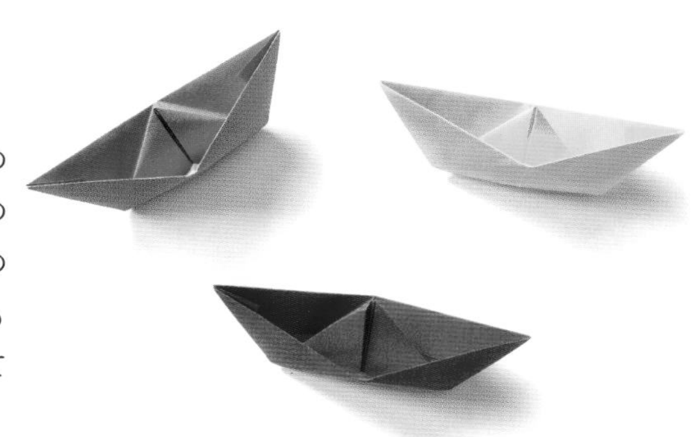

LU社のビスケットといえば、スーパーのお菓子売り場の定番です。看板商品の「Petit Beurre」は、バターたっぷりのシンプルなビスケット。制服姿の小学生の男の子が、このビスケットをかじるポスターが登場したのは1897年のこと。このポスターは、1980年代に誕生したもうひとつの人気商品「Petit écolier」で今もおなじみ。ビスケットの上にのったチョコレートに、男の子がレリーフになっているのです。

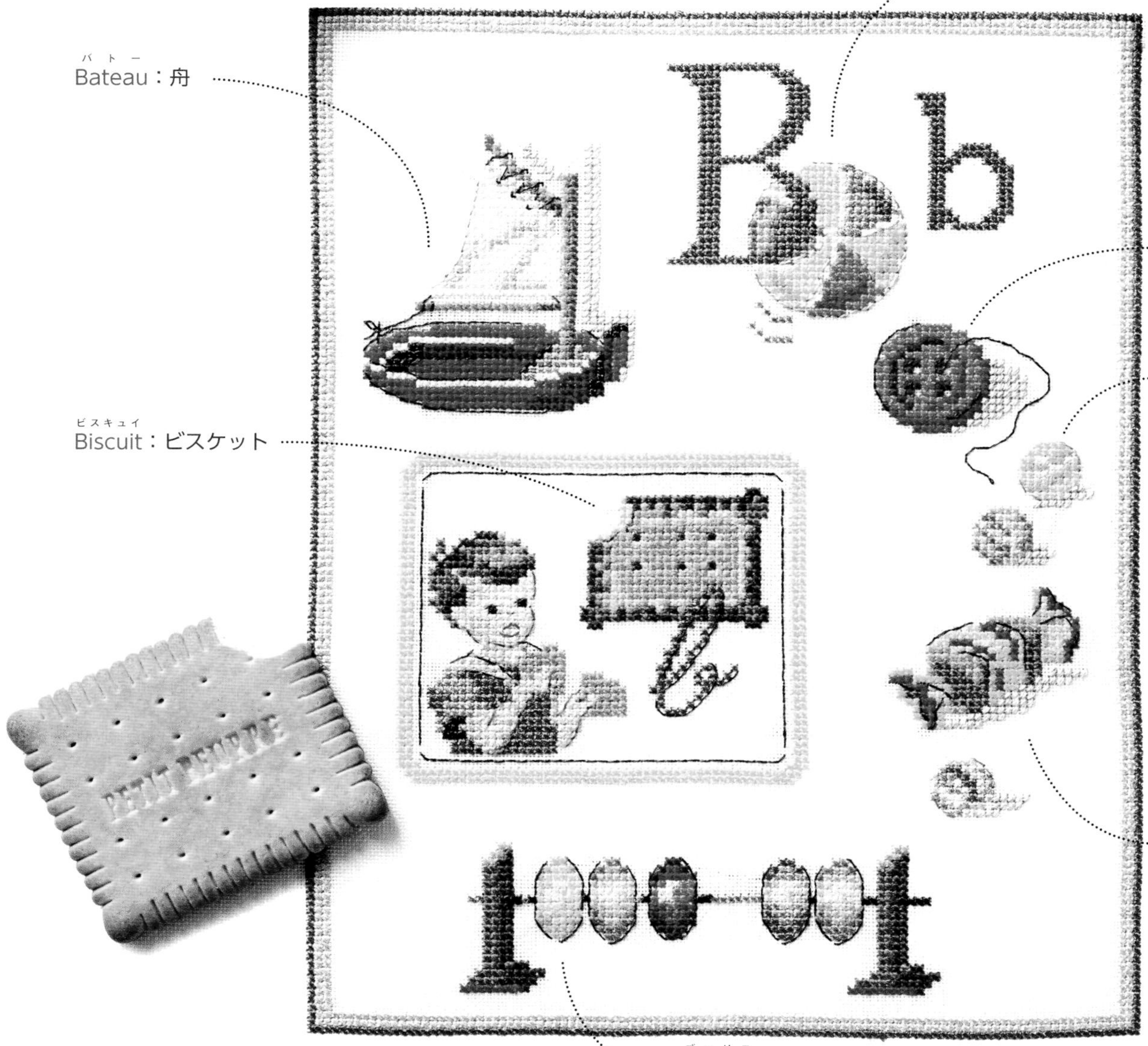

Ballon：ボール
Bateau：舟
Bouton：ボタン
Bille：ビー玉
Biscuit：ビスケット
Bonbon：キャンディー
Boulier：アバカス（西洋そろばん）
B
b
PETIT BEURRE

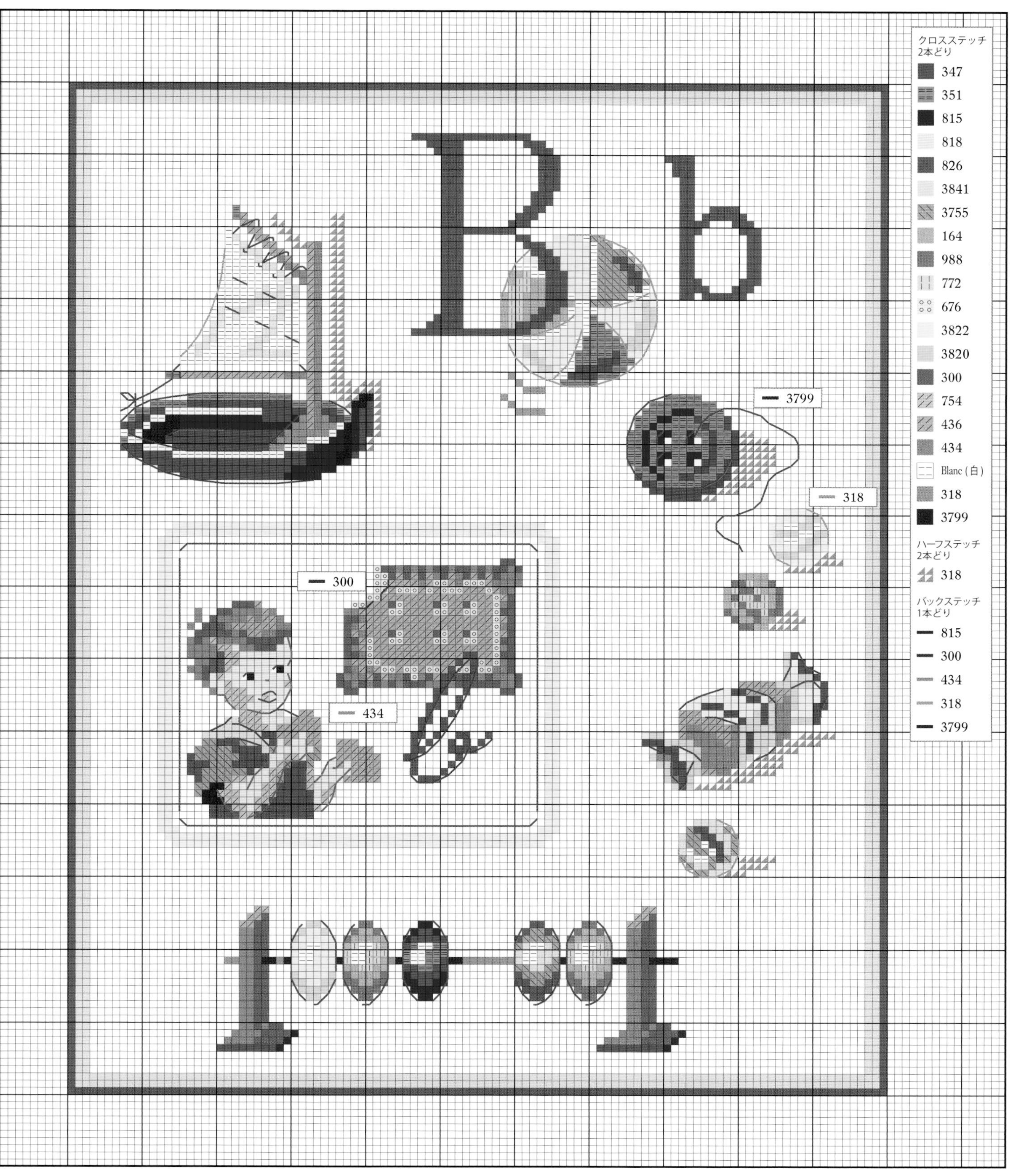

クロスステッチ
2本どり
347
351
815
818
826
3841
3755
164
988
772
676
3822
3820
300
754
436
434
Blanc (白)
318
3799
ハーフステッチ
2本どり
318
バックステッチ
1本どり
815
300
434
318
3799
3799
318
300
434

Claire et Clément

クレールとクレモン

卵、牛乳、砂糖、粉を混ぜたカスタード生地を、生の果実と一緒に焼き込んだ「クラフティ(Clafouftis)」。もともとは、フランス中南部、リムーザン地方の郷土菓子です。伝統的にはブラックチェリーを、種を抜かずに使います。これは、種の部分が風味をもたらすため。焼きっぱなしの手軽さから、クラフティは家庭の手作りお菓子の代表格。洋なしやベリー、プルーンなど季節の果実で作って楽しみます。ママやおばあちゃんの、なつかしい思い出の味！

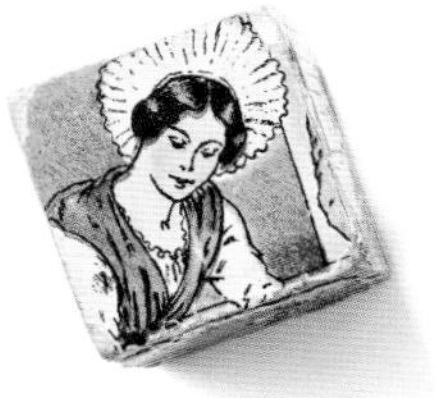

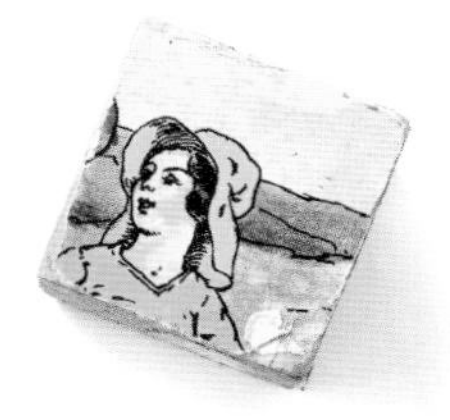

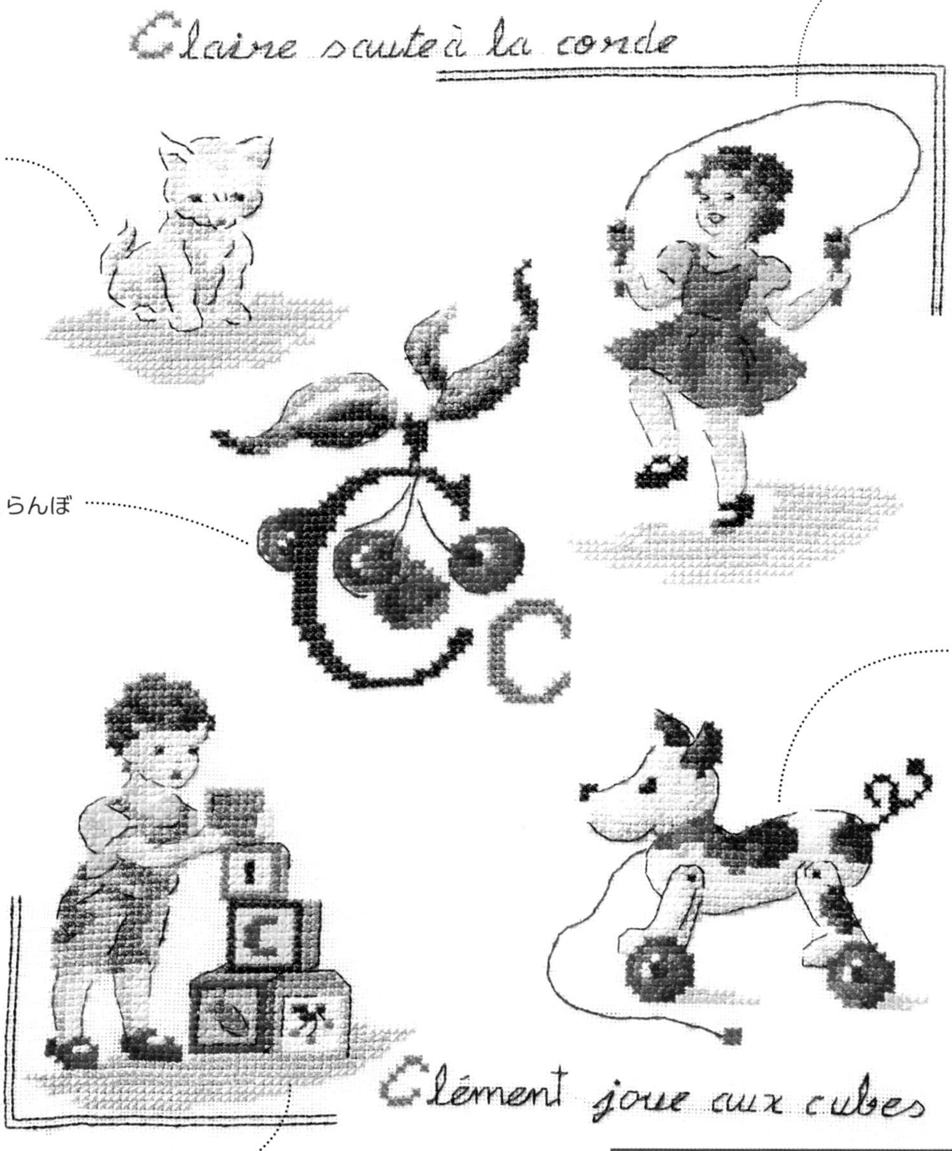
Corde（コルド）：縄
Claire saute à la corde
Chat（シャ）：猫
Cerise（スリーズ）：さくらんぼ
Chien（シャン）：犬
Clément joue aux cubes
Cube en bois（キューブ・アン・ボワ）：
積み木

作品内のフランス語	
Claire saute à la corde（クレール・ソトゥ・ア・ラ・コルド）	クレールはなわとびをしています
Clément joue aux cubes（クレモン・ジュ・オ・キューブ）	クレモンは積み木で遊んでいます

Claire saute à la corde
Clément joue aux cubes
クロスステッチ
2本どり
347
351
815
818
747
3766
3810
164
988
986
3820
726
300
754
436
434
Blanc (白)
318
168
3799
ハーフステッチ
2本どり
747
754
168
バックステッチ
1本どり
815
986
300
434
3799
フレンチノット
3799

Delphine et la dînette

デルフィーヌとおままごと

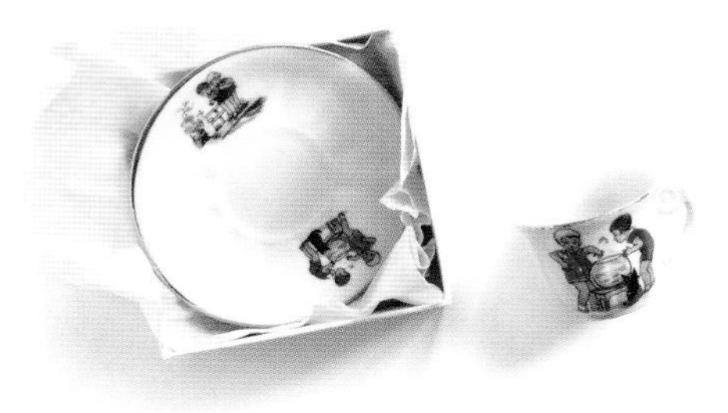

かつて、フランスの女の子たちを夢中にさせたお人形がありました。その名は「ベッラ(Bella)」。スペインとの国境に近い町、ペルピニャン(Perpignan)で1946年に誕生しました。夫がベッラの型造りから組み立て、着色までを手がけ、妻が服を担当し、夫婦の小さな人形工房はまたたく間に有名になったのです。今ではベッラのお人形はコレクションアイテム。ペルピニャンにはコレクターが立ち上げた人形博物館があります。

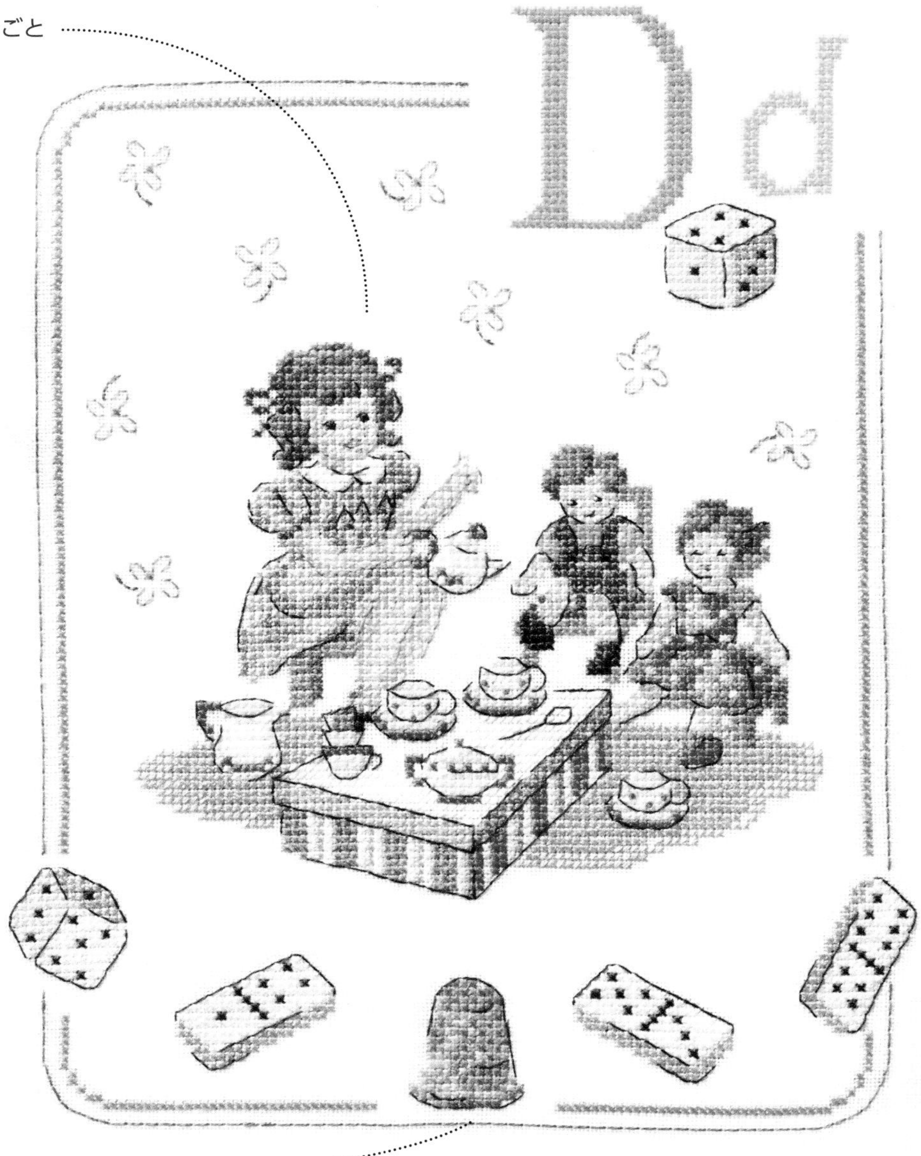

Dînette（ディネット）：おままごと

Dé（デ）：さいころ

Dé（デ）：指ぬき

Dominos（ドミノ）：ドミノ

クロスステッチ
2本どり
818
3609
3608
3607
826
3841
3755
563
562
680
3822
3820
3823
754
436
434
842
Blanc（白）
3799
ハーフステッチ
2本どり
842
Blanc（白）
バックステッチ
1本どり
3608
562
436
3799
フレンチノット
3607

Fanny et l'écureuil

ファニーとりす

森にラズベリーを摘みに行く、童話の中の女の子に憧れたことはありませんか？フランスには、「キュイエット（Cueillette）」と呼ばれる観光農園があります。パリ近郊にも、「ガリー収穫農園（La Cueillette de Gally）」などいくつかあり、農作物の収穫を楽しめます。入場料はたいてい無料で、収穫したものを購入するシステム。ママがいんげんを採ったり、パパがにんじんを掘り起こしている傍らで、子どもたちはラズベリーやいちごを摘むのです。

エキュルイユ
Ecureuil：りす

エグランティン
Eglantine：ローズヒップ

フランボワーズ
Framboise：ラズベリー

エスカルゴ
Escargot：かたつむり

フレーズ
Fraise：いちご

クロスステッチ
2本どり
347
351
818
150
605
603
602
3841
3810
164
988
986
772
676
754
436
434
433
3031
Blanc (白)
ハーフステッチ
2本どり
3841
164
772
3031
バックステッチ
1本どり
347
986
434
3031

Le gâteau de Gabrielle et Gustave

ガブリエルとギュスターヴのお菓子

ロレーヌ地方のバル＝ル＝デュック（Bar-le-Duc）は、グロゼイユ（赤スグリ）のジャムが名産として知られています。1344年の裁判にまつわる記述によると、裁判で勝った貴族やブルジョワは、裁判官にグロゼイユのジャムを贈るのが習わしでした。フランス最古といわれるこのジャムづくり。グロゼイユの小さな小さな実の種を、ガチョウの羽の先でつついて取り除くのです。この気の遠くなるような作業は、今でも受け継がれています。

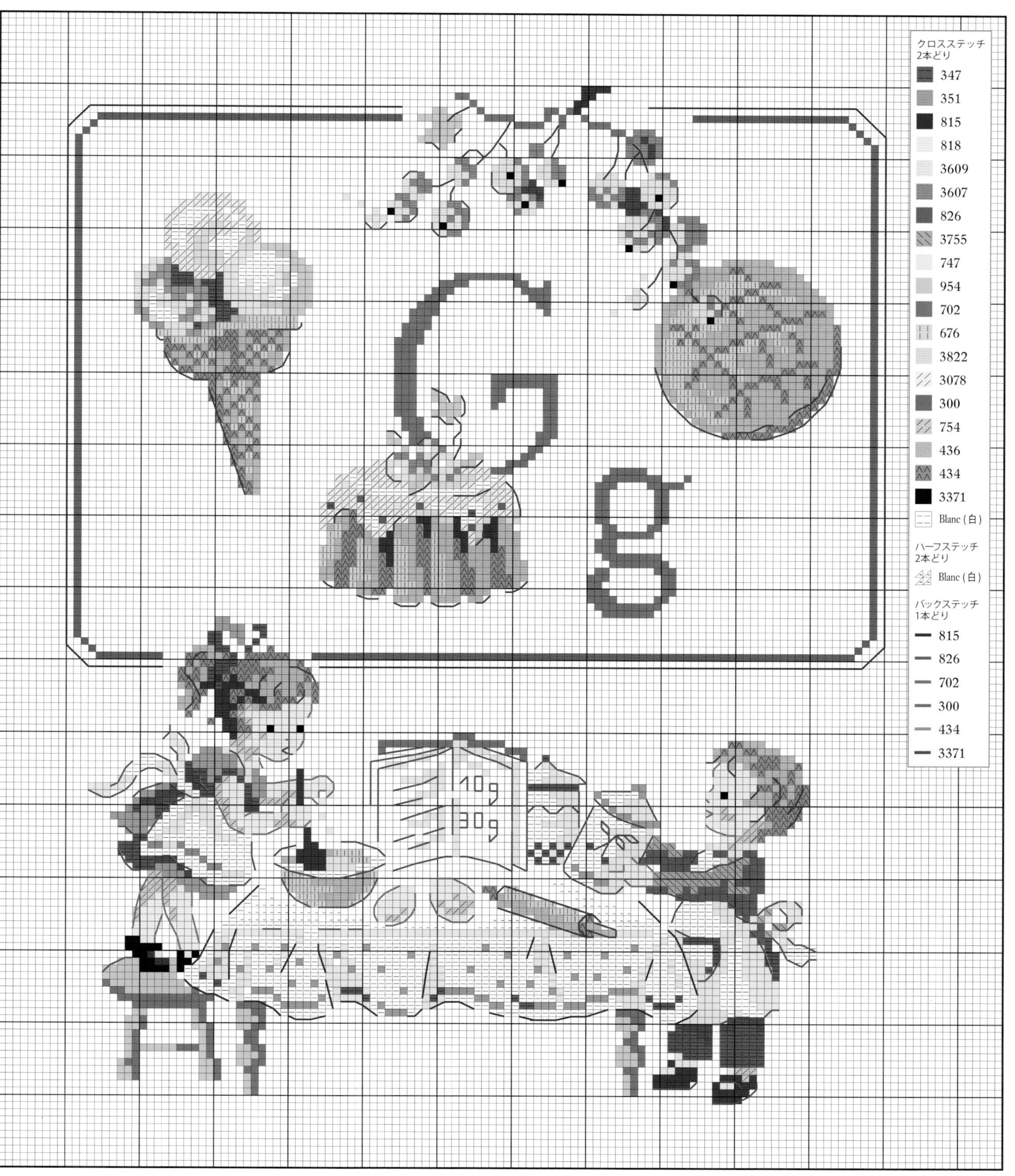

10g
30g
クロスステッチ
2本どり
347
351
815
818
3609
3607
826
3755
747
954
702
676
3822
3078
300
754
436
434
3371
Blanc (白)
ハーフステッチ
2本どり
Blanc (白)
バックステッチ
1本どり
815
826
702
300
434
3371

Hélène et le hérisson

エレーヌとはりねずみ

フランスの庭にやって来るのは、かわいい小鳥たちだけではありません。野生のはりねずみに出会えることも。ナメクジが大好物なはりねずみは、ガーデニング愛好家たちの頼もしいお友達であるだけでなく、幸運のシンボル。フランス中部には、その名も「Hérisson(はりねずみ)」という町があり、紋章はもちろんはりねずみ。ほかにもいくつかの自治体や由緒ある家の紋章にも、はりねずみがモチーフとして使われています。

Hibou：ふくろう

Houx：ひいらぎ

Herbe：草

Histoire：物語

Hérisson：はりねずみ

Hélène lit une histoire, dans les herbes

作品内のフランス語

Hélène lit une histoire，dans les herbes	エレーヌは草原でお話を読んでいます

クロスステッチ
2本どり
347
351
818
826
3841
164
988
986
772
3820
726
300
754
436
434
3031
842
Blanc (白)
ハーフステッチ
2本どり
772
バックステッチ
1本どり
347
988
434
3031
フレンチノット
988
3031
Hélène lit une histoire, dans les herbes

Le jardin de Jeanne

ジャンヌのお庭

庭のお手入れにかかせない剪定バサミは、フランスの政治家ベルトラン・ドゥ・モルヴィル(Bertrand de Molleville)が1815年に考案しました。当初は、樹木を傷つけるだけだと庭師たちからは不評を買い、多くのぶどう栽培農家にも受け入れられませんでした。けれども、固定式のバネが可動式になり、すり減った刃も簡単に取り換えられるよう改良されたので、誕生から50年近くを経てようやく、剪定バサミは園芸の必須アイテムになったのです。

Iris（イリス）：アイリス

Jonquille（ジョンキーユ）：黄水仙

Jupe（ジュップ）：スカート

Jardin（ジャルダン）：庭

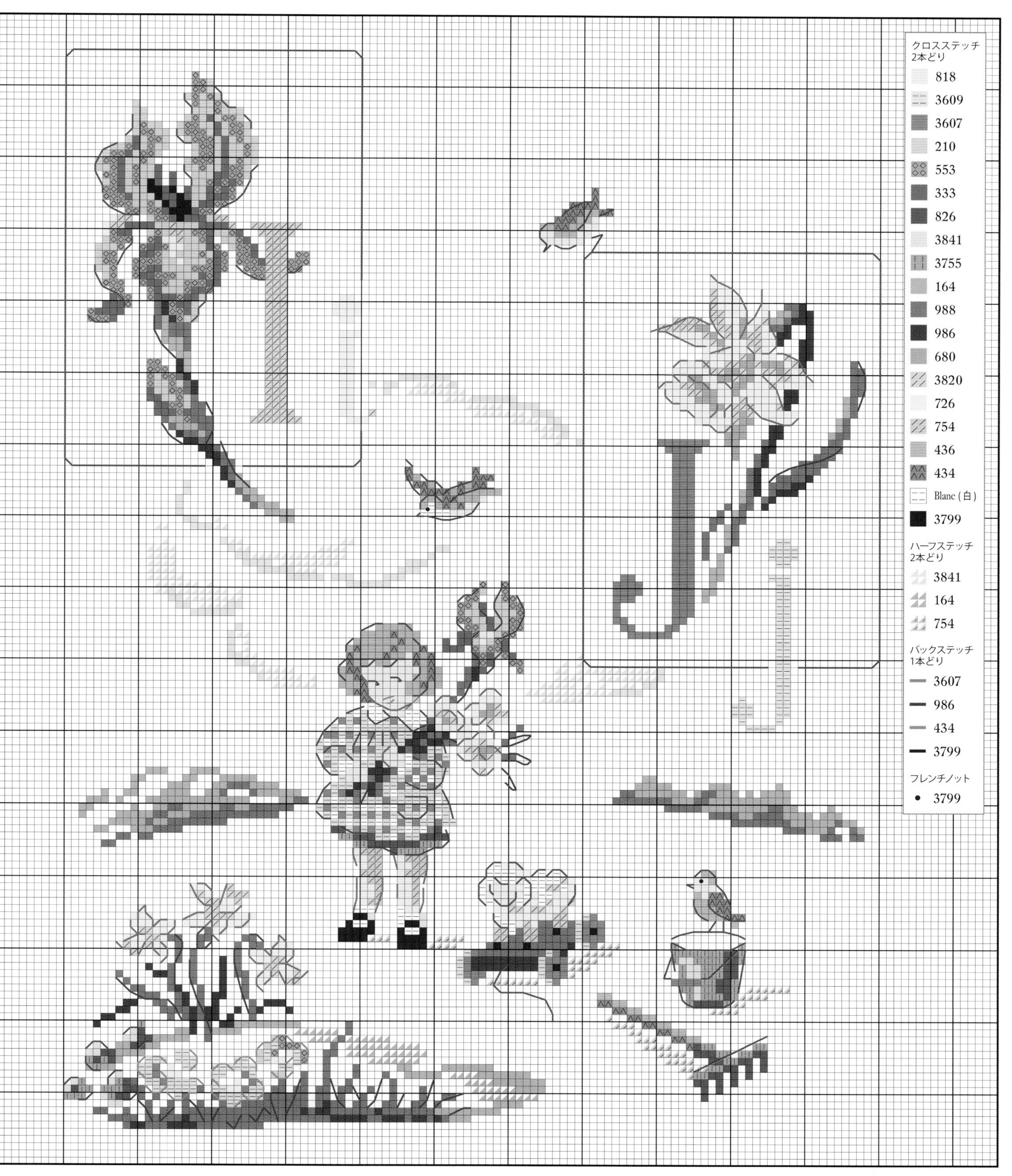

クロスステッチ
2本どり
818
3609
3607
210
553
333
826
3841
3755
164
988
986
680
3820
726
754
436
434
Blanc (白)
3799
ハーフステッチ
2本どり
3841
164
754
バックステッチ
1本どり
3607
986
434
3799
フレンチノット
3799

Karl et le kiosque à musique

カールと音楽堂

パリ市内の40以上の公園には野外音楽堂があり、4月〜12月にかけて無料のコンサートやダンス、演劇などが催されます。パーゴラのように柱と屋根だけの簡単な構造に、デコラティブな装飾。さしずめ、馬のいないメリーゴーラウンドといったところでしょうか。この野外音楽堂はもともと、中国式庭園の東屋をヒントに、18世紀にイギリスの庭園に取り入れられました。これがフランスにも伝わり、やがて音楽家たちの演奏の場となったのです。

Kouglof：クグロフ

Képi：ケピ（フランスの将校や憲兵がかぶる、つばのついた帽子）

Kiosque à musique：音楽堂

Kiwi：キウイフルーツ

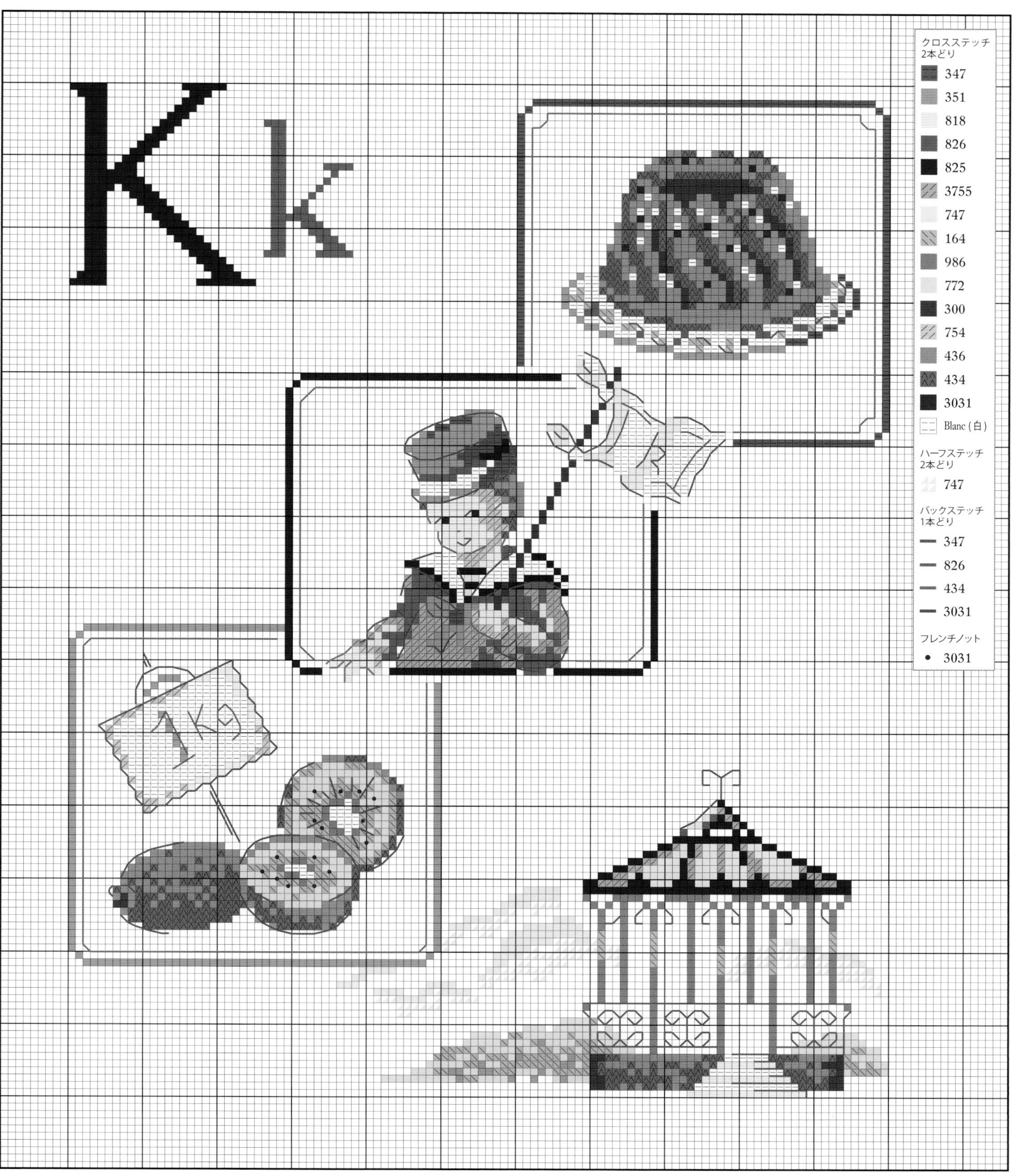
K k
1Kg
クロスステッチ
2本どり
347
351
818
826
825
3755
747
164
986
772
300
754
436
434
3031
Blanc（白）
ハーフステッチ
2本どり
747
バックステッチ
1本どり
347
826
434
3031
フレンチノット
3031

La luge de Louis

ルイのソリ

小さな子どもでも楽しめるソリ遊びは、雪の季節のお楽しみ。ソリの歴史は古く、紀元前800年には北欧のヴァイキングが運搬に使用していたといわれています。ソリはまた、ウインタースポーツとしての歴史も古いのです。ソリに仰向けに寝そべった姿勢で滑走路を疾走する「リュージュ」は、ソリ競技のひとつで、フランス語で小型のソリを意味するluge（リュージュ）が語源です。スイスでリュージュの第１回世界大会が行われたのは1883年のこと。現在では冬季オリンピックの正式種目になっています。

Laurier（ロリエ）：月桂樹

Lune（リュンヌ）：月

Landau（ランドー）：（フードつきの）乳母車

Luge（リュージュ）：そり

Lapin（ラパン）：うさぎ

Locomotiv（ロコモティーブ）：汽車

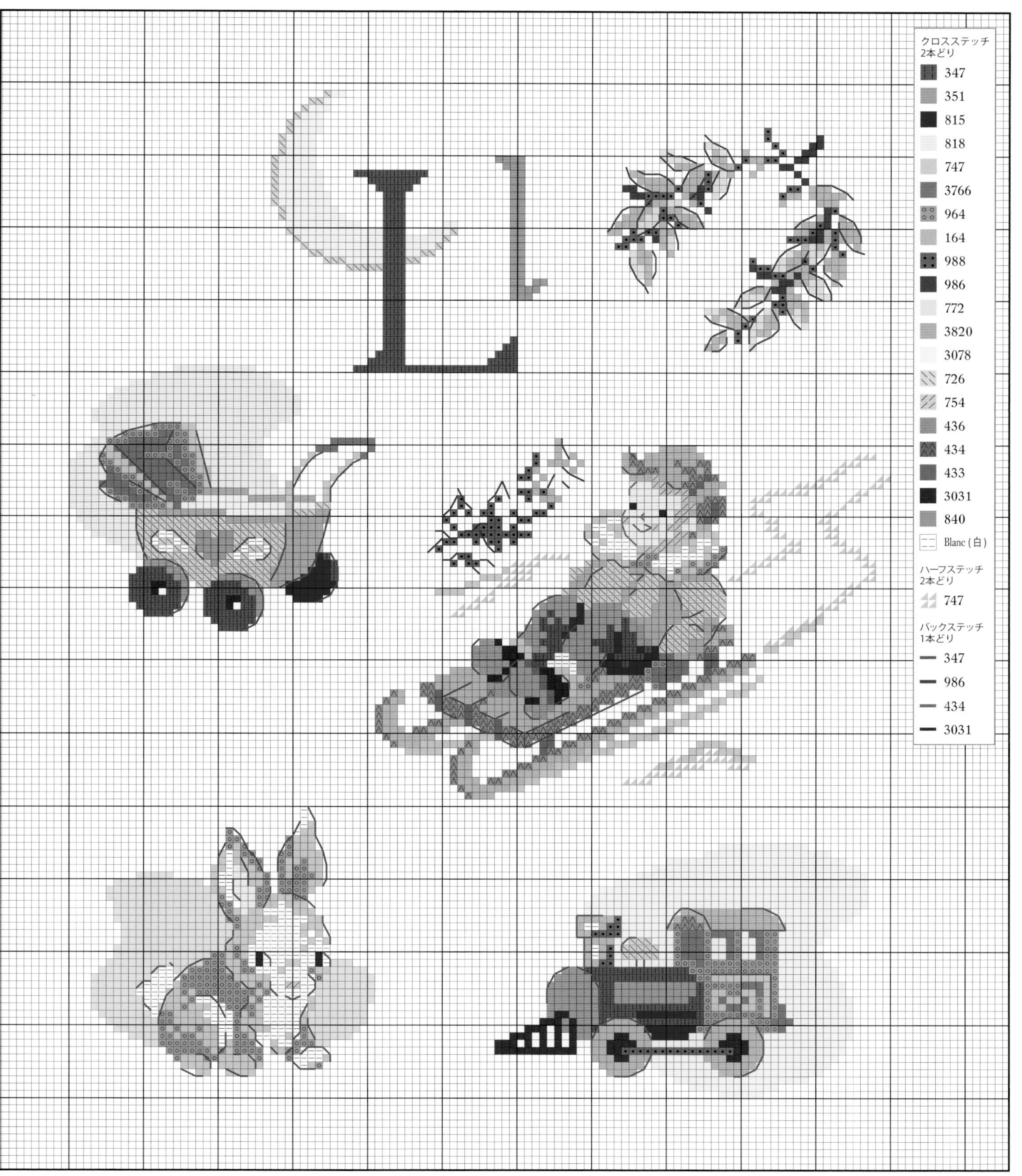

クロスステッチ
2本どり
347
351
815
818
747
3766
964
164
988
986
772
3820
3078
726
754
436
434
433
3031
840
Blanc (白)
ハーフステッチ
2本どり
747
バックステッチ
1本どり
347
986
434
3031

Michel et le mouton

ミシェルとひつじ

ブリキ製の手回しオルゴールは、1920～1930年代に人気を博しました。早く回せばおなじみのメロディが滑稽に聴こえるので、子どもたちは夢中になって回したものです。「Camelin（キャムラン）」社と「Haricot（アリコ）」社がこのタイプのオルゴールの大手で、1960年代まで製造を続けました。本体の絵柄は童話の世界から、時代の文化を反映したモチーフまで。けれども、いつしかブリキの手回しオルゴールはすたれ、さまざまな素材や形のオルゴールが作られるようになったのです。

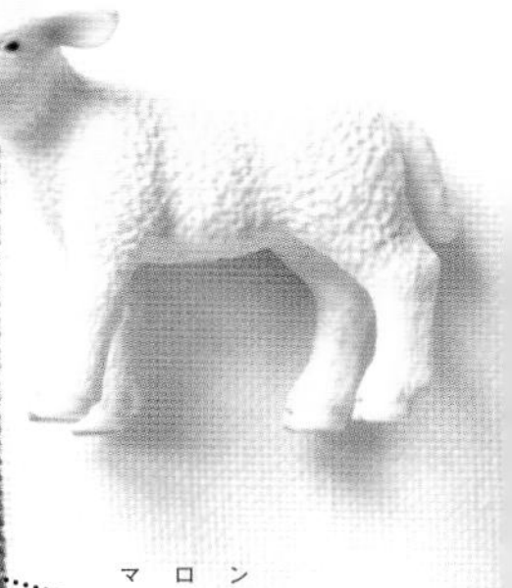

Myosotis（ミヨゾティス）：わすれな草

Maison（メゾン）：家

Manteau（マントー）：コート

Mouton（ムトン）：ひつじ

Marron（マロン）：栗

Moulin à musique（ムーラン・ア・ミュージック）：手回しオルゴール

Marguerite（マルグリット）：マーガレット

Mm

Michel caresse le mouton

作品内のフランス語

Michel caresse le mouton（ミシェル・キャレス・ル・ムトン）　ミシェルはひつじをなでています

Mm
Michel caresse le mouton
クロスステッチ
2本どり
347
351
818
826
824
3841
3755
989
987
772
3822
783
3078
300
754
436
434
Blanc (白)
3799
ハーフステッチ
2本どり
772
3799
バックステッチ
1本どり
351
824
987
434
3799
フレンチノット
3799

Le Noël de Nelly

ネリのクリスマス

ベルギーと国境を接する北フランスでは、クリスマスの日の朝のお楽しみは、ツリーの下のプレゼントだけではありません。お目当ては「コキーユ・ドゥ・ノエル(Coquille de Noël)」。これは、赤ちゃんをかたどったブリオッシュ生地のお菓子で、クリスマスの朝に食べる習慣があります。かつての子どもたちにとっては、このお菓子とオレンジが最高のクリスマスプレゼントでした。当時、北フランスではオレンジは貴重な果物だったのです。

Noël（ノエル）：クリスマス

Nuage（ニュアージュ）：雲

Nid（ニ）：巣

Noisette（ノワゼット）：ヘーゼルナッツ

986
3031
クロスステッチ
2本どり
347
351
815
818
826
747
3766
964
164
988
986
3822
3820
3078
754
436
434
433
3031
Blanc (白)
ハーフステッチ
2本どり
747
バックステッチ
1本どり
815
826
986
434
3031

Oscar et Ondine

オスカーとオンディーヌ

「オスレ（Osselets）」はフランス版お手玉で、日本のお手玉の「寄席玉遊び（おさらい）」のような遊び方をします。その起源は紀元前にさかのぼり、もともとは羊の「骨（Os）」を使っていたので、「オスレ」という呼び名がついたのです。やがて羊の骨ではなく、金属製やプラスティック製のオスレが登場しました。かつてはフランスの子どもたちに人気の遊びでしたが、今ではあまり遊ぶ人はいなくなってしまいました……。

Ourson（ウルソン）：こぐま

Oeuf（ウフ）：卵

Oie（オワ）：がちょう

Os（オス）：骨

クロスステッチ
2本どり
818
605
603
602
826
747
3766
964
988
986
3820
3823
300
754
436
434
3031
841
840
Blanc（白）
バックステッチ
1本どり
602
826
986
434
3031
フレンチノット
3031

Le parapluie de Perrine

ペリーヌの雨傘

世界初の“畳める傘”は、1705年ごろ、パリのジャン・マリウス(Jean Marius)という職人が開発しました。当初は重すぎて実用的でなかったため、あまり売れませんでした。その後、改良を重ね、1710年に5年間の独占製造・販売が許されると、またたく間に上流社会に広がり、革命期のファッションアイテムになったのです。パリ16区の「ガリエラ美術館・モード＆コスチューム博物館」は、この傘の初期モデル2点を所蔵しています。

クロスステッチ
2本どり
347
351
818
826
747
3766
164
988
772
3823
3854
3078
726
754
436
433
3031
842
841
Blanc（白）
ハーフステッチ
2本どり
747
3078
726
バックステッチ
1本どり
347
826
433
3031

Quentin et le quatre-heures

カンタンとおやつの時間

フランス語で4時(Quatre-heures)は、「おやつの時間」も意味します。学校から戻るこの時間に、おやつを食べるのが子どもたちのお楽しみ。マドレーヌやパウンドケーキ、クッキーなどちょっとした焼き菓子が定番です。かつての子どもたちのおやつといえば、バゲットにバターを塗り、板チョコを削ってのせたタルティーヌ。このシンプルなおやつは、多くのフランス人にとって思い出の味なのです。

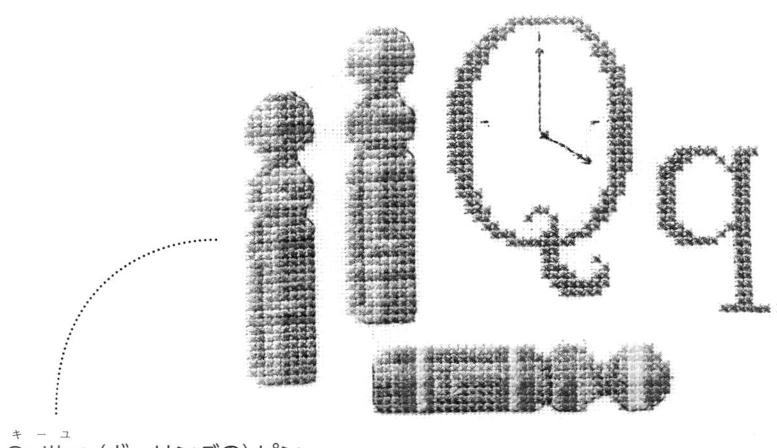

Quille：(ボーリングの) ピン

Quatre-heures：4時／おやつの時間

作品内のフランス語

Quentin et ses camarades attendent le quatre-heures　カンタンとお友達は、おやつを待っています

クロスステッチ
2本どり
347
351
818
826
3841
3755
988
164
3820
726
754
436
434
433
Blanc（白）
318
3799
ハーフステッチ
2本どり
3841
3755
バックステッチ
1本どり
347
826
434
433
318
3799
フレンチノット
3799
Quentin et ses camarades attendent
le quatre-heures

Les robes de Rose

ローズのワンピース

フランスのベビー＆子ども服は、ベージュやグレー、モーヴなど、シックな色づかいが目立ちます。日本でもよく知られているブランドは、小舟のロゴでおなじみの「プチ・バトー(Petit bateau)」。1970年に誕生したアイコン的な極細ボーダー「ミラレ柄(milleraies)」は、フランス語で「千の縞」を意味します。2色の糸で、生地1kgあたり1000本のストライプを編み上げているので、繊細なモチーフと丈夫さが特徴です。

レザン
Raisin：ぶどう

ラディ
Radis：ラディッシュ

レヴェイユ
Réveil：
目覚まし時計

ローブ
Robe：ワンピース

ローズ
Rose：
ローズ（名前）
／ピンク

ロボ
Robot：ロボット

ラトー
Râteau：レーキ（熊手）

クロスステッチ
2本どり
347
351
777
818
605
3608
3607
553
333
597
964
954
986
702
754
434
433
898
Blanc (白)
3799
ハーフステッチ
2本どり
347
818
954
バックステッチ
1本どり
777
3607
333
986
434
フレンチノット
986

Sophie et Sylvie

ソフィーとシルヴィー

大好きなお友達を招いてのお誕生日パーティー。誰を呼ぼうか、子どもたちは招待状を作りながらわくわく。当日のメニューとメインイベントを考えるのは、ママの役目。宝探しやボーリング、カラオケ大会、くす玉割り、工作教室やお料理教室など、思い出に残る特別な1日になるような演出を考えるのです。最近では、誕生日が近いお友達同士、会場を借りて合同で行ったり、プロの手品師や道化師をゲストに呼んだりすることもあるのだとか。

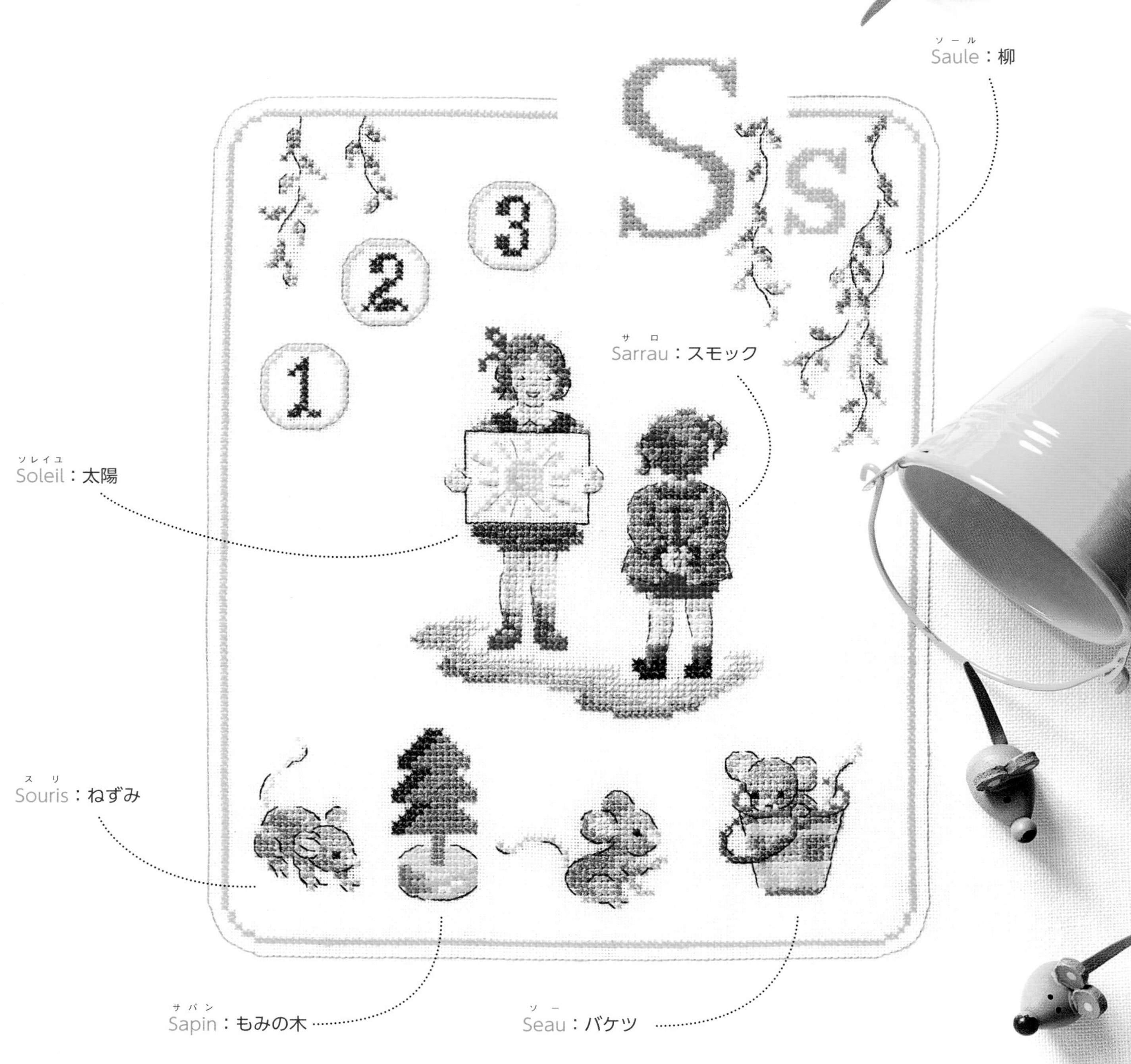

Saule（ソール）：柳

Sarrau（サロ）：スモック

Soleil（ソレイユ）：太陽

Souris（スリ）：ねずみ

Sapin（サパン）：もみの木

Seau（ソー）：バケツ

クロスステッチ
2本どり
347
351
818
826
825
3755
164
988
986
3853
726
742
754
436
434
3031
842
841
Blanc (白)
ハーフステッチ
2本どり
164
バックステッチ
1本どり
347
825
986
3853
434
3031

Le tricot de Thérèse

テレーズと編み物

18世紀のフランスでは、編み物は貴婦人のたしなみでした。マリー＝アントワネット（Marie-Antoinette）も編み物を好んだといいます。19世紀になると、編み物の編み図や編み方がモード誌に掲載されるようになり、やがて20世紀になると、編み物は階級を超えて普及しました。1923年からは、お裁縫と編み物は女の子たちの必須科目に。けれども1970年代、技術革新と女性の地位向上に伴い、学校の科目から外されたのです。

トリコ
Tricot：編み物

トリコタン
Tricotin：リリアン

タンブール
Tambour：太鼓

トラン
Train：電車

トロンペット
Trompette：トランペット

トゥピ
Toupie：こま

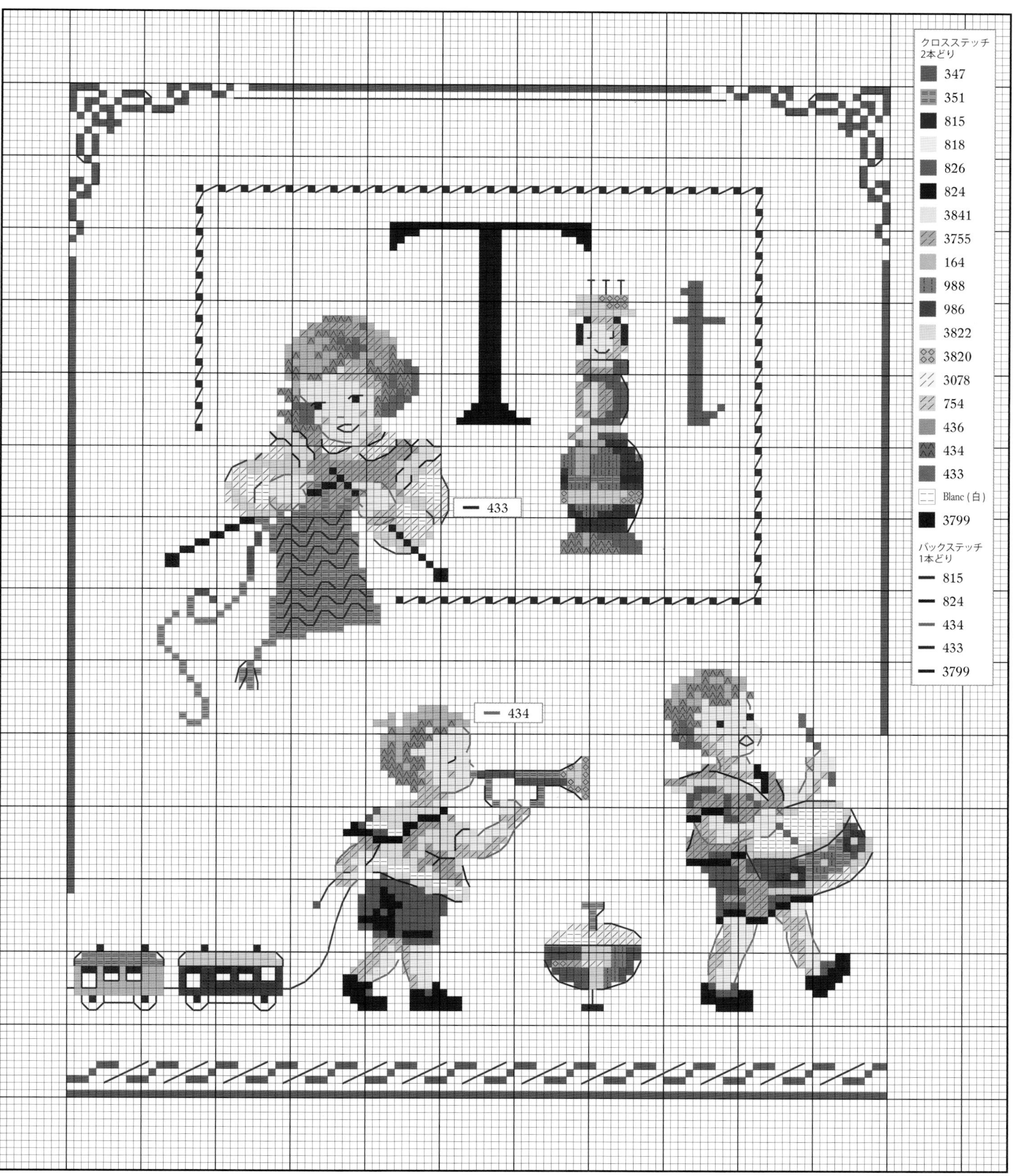

クロスステッチ
2本どり
347
351
815
818
826
824
3841
3755
164
988
986
3822
3820
3078
754
436
434
433
Blanc (白)
3799
バックステッチ
1本どり
815
824
434
433
3799
433
434

Ulysse et Valentin

ユリスとヴァランタン

子どものころに、誰でも「ごっこ遊び」をしたことがあるはず。憧れのヒーローやお姫様になってみたり、大人の真似をしていろいろなお仕事をしてみたり。フランスの男の子に人気の職業は、サッカー選手やおまわりさん。女の子に圧倒的に人気なのは女優や歌手。そして、現代っ子にもかつての子どもたちにも変わらぬ人気なのが、男の子は消防士さん、女の子は学校の先生です。

Uu

Uniforme（ユニフォルム）：ユニフォーム

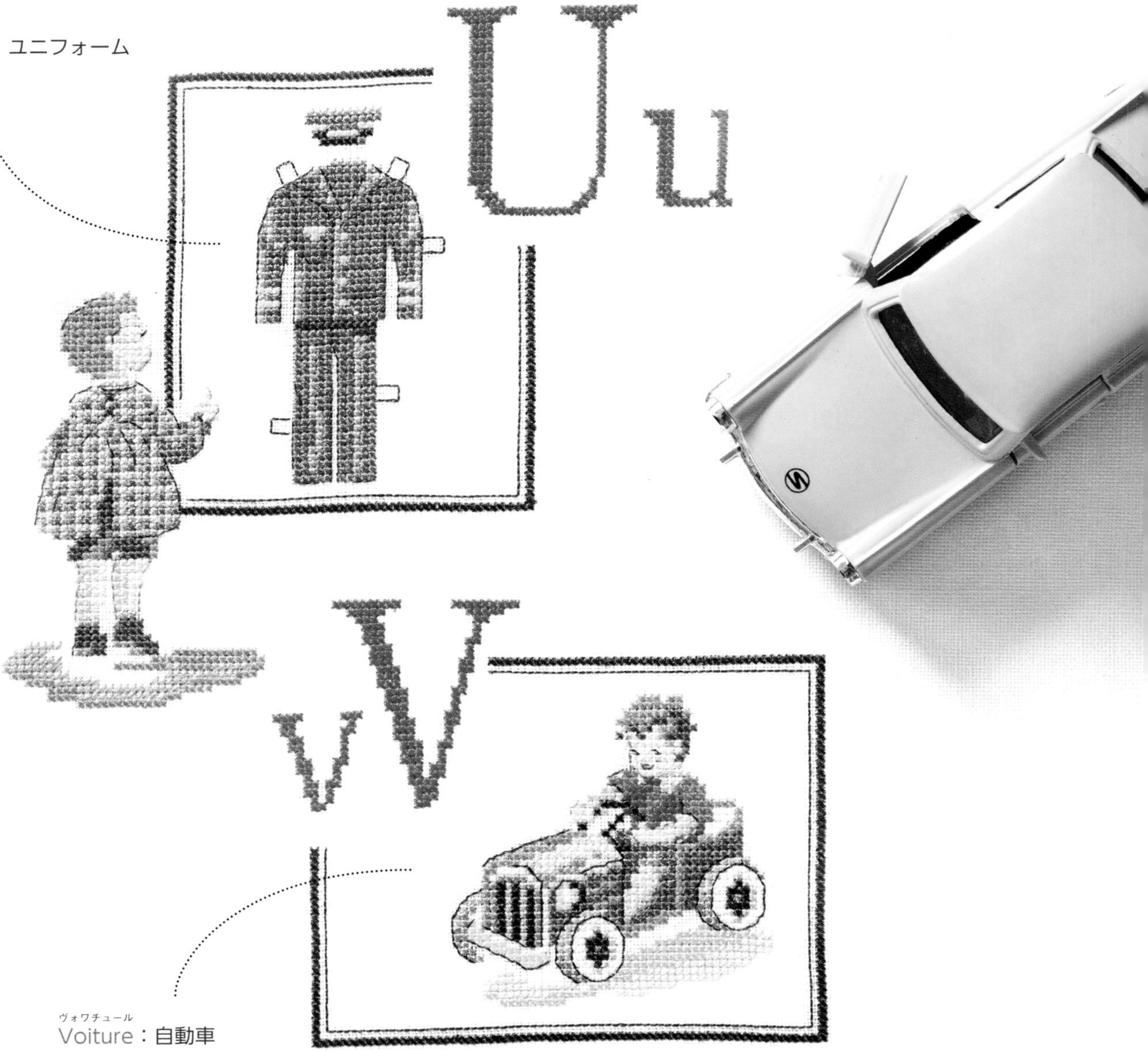

Vv

Voiture（ヴォワチュール）：自動車

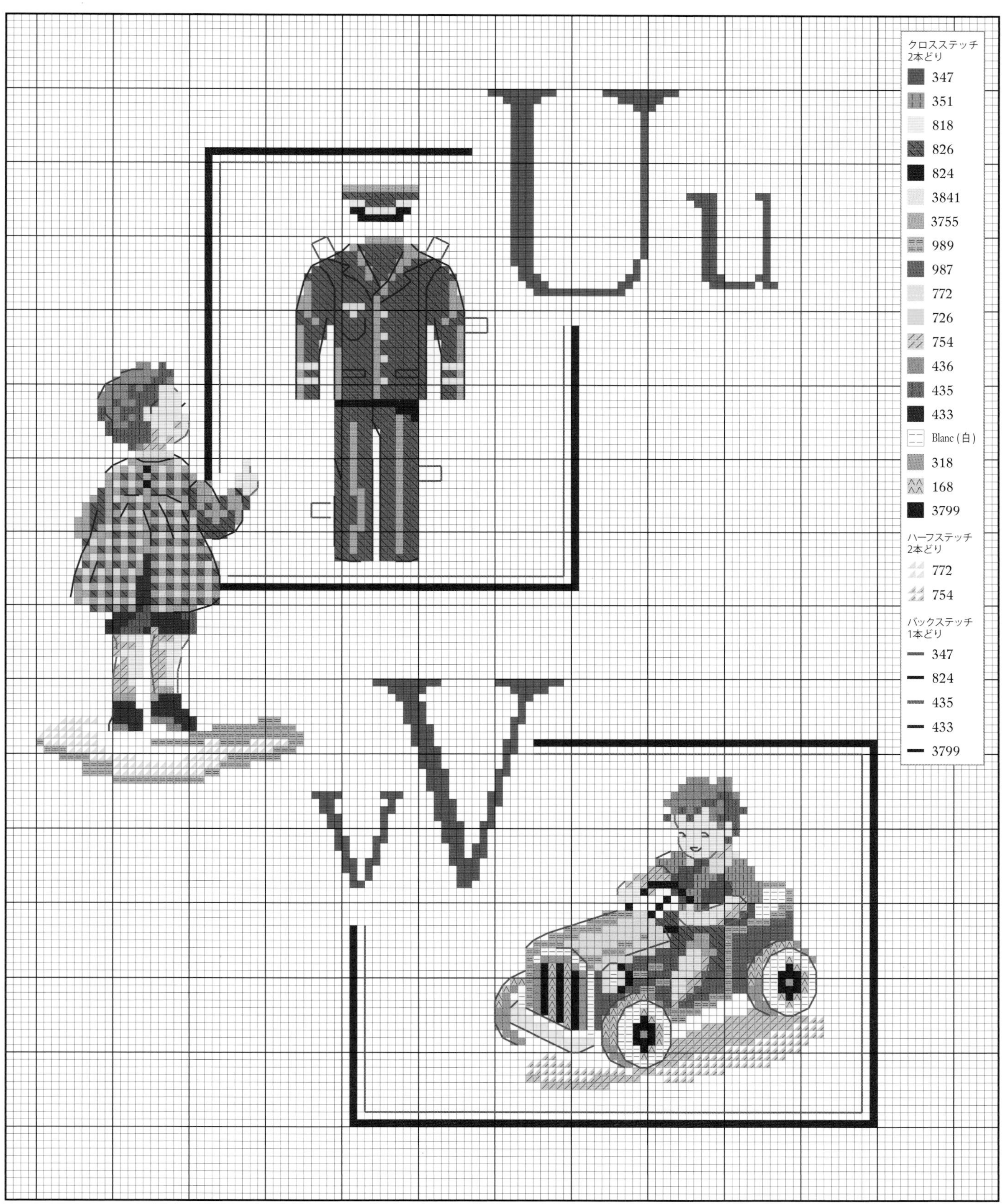

クロスステッチ
2本どり
347
351
818
826
824
3841
3755
989
987
772
726
754
436
435
433
Blanc (白)
318
168
3799
ハーフステッチ
2本どり
772
754
バックステッチ
1本どり
347
824
435
433
3799

Les jouets de William et Xavier

ウィリアムとグザヴィエのおもちゃ

電動のおもちゃが登場するまで、子どもたちのおもちゃといえば、木馬やけん玉、コマなど木のおもちゃでした。きっと、ジュラ地方の職人が丹精込めたおもちゃでも遊んだことでしょう。ジュラ地方はスイスと国境を接し、深い森や美しい湖で知られる自然豊かな土地。今でも100人近い職人が、地元の森で育った木から個性的で質の高いおもちゃを作っています。公開されている工房もあるので、職人たちと一緒に木のおもちゃ作りを体験できます。

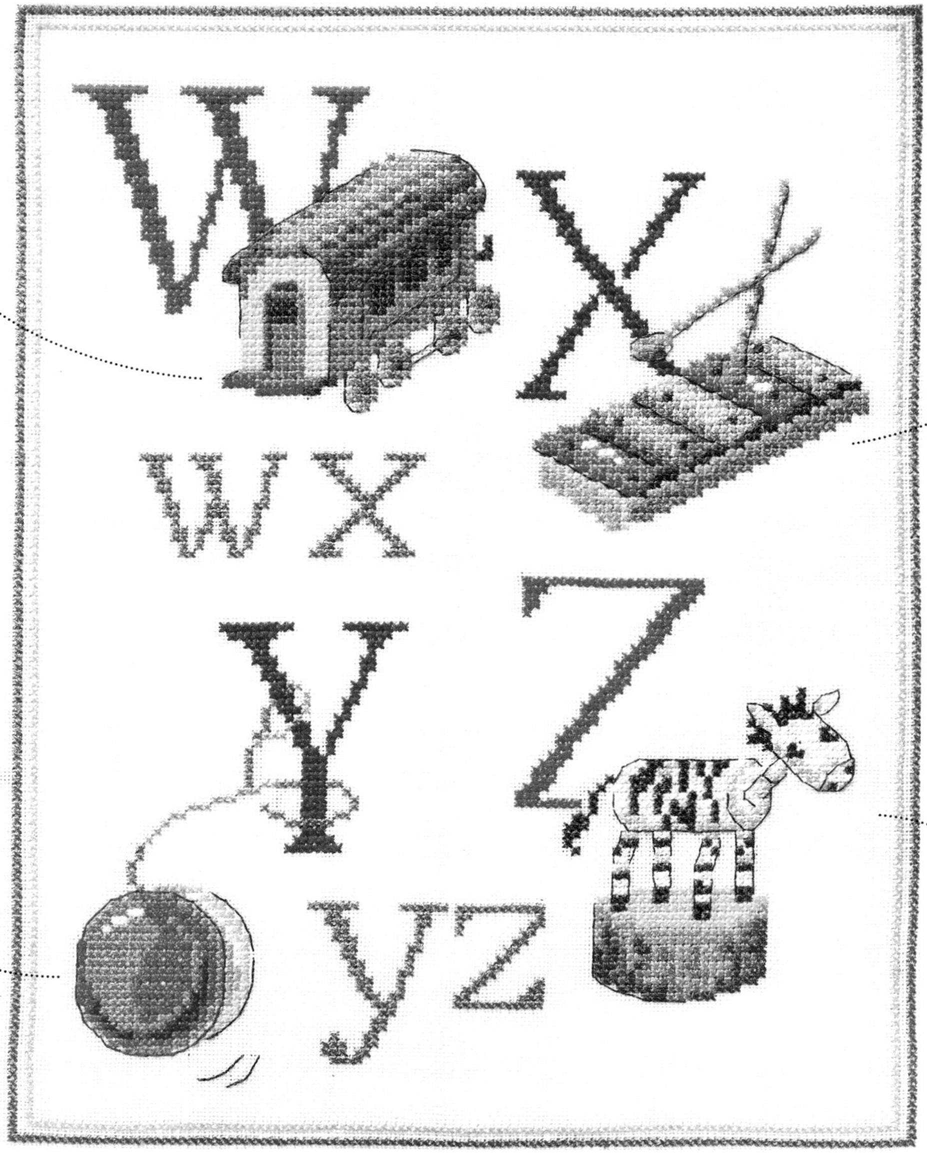

Wagon（ヴァゴン）: (電車の) 車両

Xylophone（グズィロフォーヌ）: 木琴

Yo-yo（ヨーヨー）: ヨーヨー

Zèbre（ゼブル）: しまうま

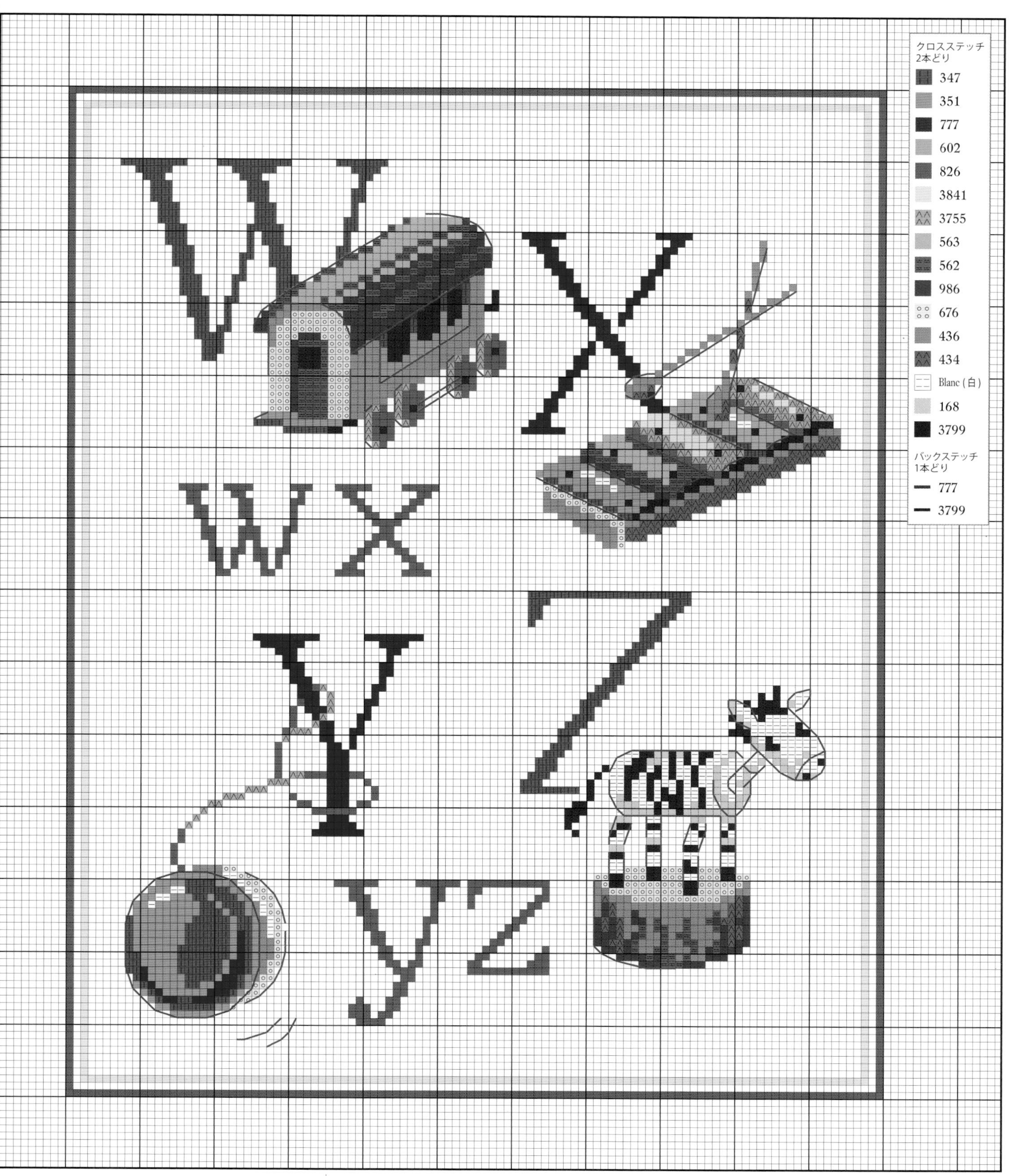
クロスステッチ
2本どり
347
351
777
602
826
3841
3755
563
562
986
676
436
434
Blanc (白)
168
3799
バックステッチ
1本どり
777
3799

Petit article

Le regard d'une créatrice

ヴェロニク・アンジャンジェのものづくり

2

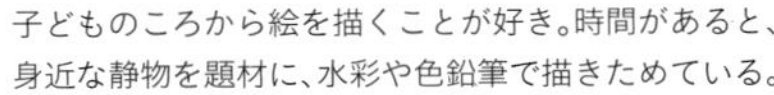
子どものころから絵を描くことが好き。時間があると、身近な静物を題材に、水彩や色鉛筆で描きためている。

日々のかけらを集めて

わたしの場合、自分から作品のテーマを提案するのはごく稀です。本であれば、テーマやモチーフ案、スタイルなどの大枠込みで出版社から依頼されることがほとんど。自分では思いもよらない世界に出会えるというのが面白いですね。

具体的にモチーフのデザインを考える際には、リサーチに時間をかけます。植物、動物、モード、旅、子ども……カテゴリー別に集めた資料がアトリエには山積みです。美術館や図書館にも足を運ぶし、もちろん情報の玉手箱であるインターネットも活用します。

でも、デザインのアイデアというのは案外、ふいにわいてくるもの。散歩中に浮かぶこともあったり、バカンスから戻ったとたんにひらめいたり。だから、常に好奇心を持って、常にインプットするようにしています。気がついたことはすぐにメモして、お店のショップカードを持ち帰ったり、目についた鉢植えの写真を撮ったり、子どもが遊んでいる様子を目に焼きつけたり。日々の生活こそが、インスピレーションの源です。

ノスタルジックへの憧憬

"古き良き時代"の挿絵画家たちからも大きな影響を受けています。写真が登場する前の時代の雑誌や印刷物を彩るイラストや図版は、とてもぬくもりがあって大好きです。絵画やイラストというのは、作者の解釈が加わった主観的なもの。たとえば、マーガレットの花でも描き手によってまったく違いますよね。自分では考えもしないような視点で描いたものもあって、ハッとすることもあります。誰かのフィルターを通して解釈され描かれたものを、読み替えて表現するのがわたし流といったところでしょうか。

一方、スタイリッシュなデザインは無機質な感じがして苦手です。つい花やリボンを加えたくなってしまうんですよね。だから、わたしの作風はレトロなテイストなのかもしれません。

伝えたいフランスらしさ

時代の波に飲み込まれ、昨今、フランスの刺しゅう業界は元気がありません。手芸系の出版物も減ってしまって、刺しゅうファンの好奇心に十分に応える土壌が乏しくなった気がします。フランスのファンは、やはり繊細なフランス刺しゅうの世界を求めています。独自の文化に裏打ちされているからこそ、北欧の独特な刺しゅうや、色数が少なくてシンプルなアメリカの刺しゅうとはひと味違った魅力があります。やはり、刺しゅうはフランスの伝統ある文化ですから、文化遺産のひとつと

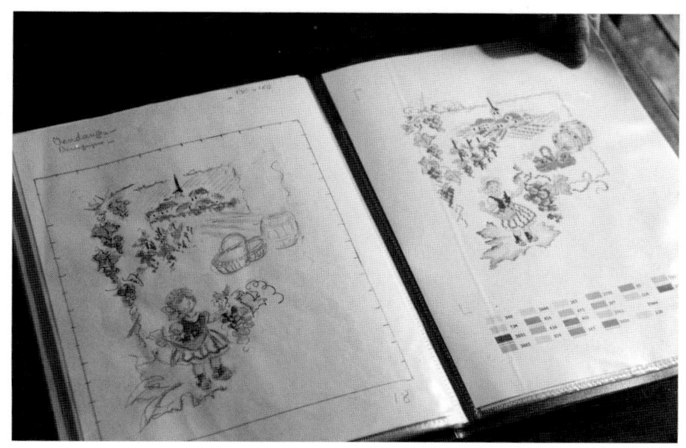

紙に描いた下絵（左）をもとに、パソコンで仕上げたチャート（右）。本１冊のチャート制作に半年かかる。

して守っていくべきだと思うのです。

アイデアがチャートになるまで

チャートを制作する際には、まずモチーフを紙に描きます。実際の本と同じサイズの紙に、そのページでどんなストーリーを紡いでいくかをメモ的に描くという感じですね。鉛筆で描いたスケッチやクロッキーにざっと色をつけた程度のものですが、その時点で構図や配置、大体のサイズを決めて、実際にパソコン上で描きながらチャートに落とし込みます。

クロスステッチ図案の作成ソフトを使うのですが、刺しゅう糸のカラーに対応したカラーパレットから色の選択が出来て、手描きでマス目の紙の上に描くのと同じように、マウスを使って描いていきます。画面上で作業をしていくうちに、新しいアイデアがわくこともあって。チャートが元の絵からかなり変わることもあります。パソコンだとサイズの変更や位置の移動が簡単なので、クリエーションの可能性が広がりましたね。

趣味で描いた水彩画をチャートに仕上げることもあります。この場合は完成した絵ありきのスタートなので、絵をスキャンしてパソコンに取り込み、忠実にチャートで再現します。

イラストレーターや画家であれば、絵を描くところまでが仕事。でも、わたしはクロスステッチ専門のデザイン画家ですから、チャートを作るまでが仕事なのです。

色のグラデーションとニュアンス

色選びには時間をかけています。とくに色づかいのニュアンスに気を使いますね。グラデーションを施すことで、色のボリュームが自然に変化していくようにとか。のっぺりした絵にならないよう、陰影や濃淡にこだわっています。もちろん、刺しゅうする方は大変でしょうけれど。

モチーフの絵が完成すると、最後にバックステッチを入れていきます。ここが一番気を使います。バックステッチで動きやニュアンス、ディテールを表現できるので、入れ方ひとつですべてが変わってしまいますから。

制約の中の美学

チャートは小さな四角いマス目の連なりですから制約があります。真っ白な紙の上に描くのとまるで同じというわけにはいきません。でも、その制約の中で可能な限りというのを考えます。

たとえば、わたしはバックステッチをかなり多く入れますが、マス目の縦横の線や、対角線を生かして入れてい

企画から携わった１冊。マルシェで買った野菜をテーマに、趣味で描いた水彩画からチャートを起こした。

インタビューに登場した
ヴェロニクさんのお気に入りの場所

◆ Les Brodeuses Parisiennes（レ・ブロドゥーズ・パリジェンヌ）
1, rue François de Neufchâteau 75011 Paris
https://www.lesbrodeusesparisiennes.com

◆ Musée de la Chasse et de la Nature（狩猟自然博物館）
62, rue des Archives 75003 Paris
https://www.chassenature.org

◆ Deyrolle（デロール）
46, rue du Bac 75007 Paris
https://www.deyrolle.com

ます。わたしが手がけているのは、あくまでもクロスステッチの図案。自身の表現や美意識にこだわりすぎて、実際には刺せない図案では意味がありませんから。自分は楽しんで描いているけれど、これはほかの誰かのためのものなのだということを意識しています。そうした点も含めて制約はありますが、だからこそやりがいがあります。制約の中でどれだけ美しくできるか、どういう表現ができるか、自分が描きたいものをどれだけ再現できるか。ちょっとゲーム感覚ですね。

本だから、できること

今はネットでクロスステッチの無料チャートが手に入るし、ブログやSNSで発信している作家さんもいます。でも、わたしは古い人間なので、活動の場はあくまでも本や紙の世界。

本というのは、ただの紙の束ではありません。オブジェでもあるはずです。そして本を買ってくれる人が求めているのは、ストーリー。だから、各ページのモチーフが紡ぎ出す世界観だけではなく、全体のストーリーを大切にしています。インターネットのチャートは、そのページだけで完結するもの。でも本の場合は、ページごとに完結しているだけではダメです。刺しゅうの本だとしても、本は本ですから。

すべての図案が完成しても、最初のページから見直して、流れがイマイチかなと思ったら描き直すこともよくあります。常に、もっとよくできるはず、まだできるはずという気持ちで、少しでもよくしようと努力しています。たとえ見る人には大して変わっていないように見えてもね。

クリエーションのつながり

わたしの作品にみなさんが自由に解釈を加え、新しい何かが生まれる。小さなモチーフだけ抜き出して刺したり、ほかのページのモチーフと組み合わせたり、それぞれの感性で、わたしの作品に命が吹き込まれるのです。

2019年に、百貨店が開催したフランス展に招かれ、はじめて日本を訪れました。まるでお姫様のようなおもてなしを受けて、びっくりしました。日本の方はアーティストを敬ってくださるのですね。ご自分で刺した作品を持っていらした方もいて、本当に感激しました。日本の伝統や文化は、わたしのモチーフの世界観とはまったく違うのに、作品が受け入れられているのは、きっと、そこにストーリーがあるからだと思います。

刺しゅうの出来上がりサイズと目数について

ステッチを始める前に

・布を選んだら、後に述べる方法で図案の出来上がりサイズを割り出し、布をカットします。図案のモチーフをステッチしやすいように、余裕を持たせましょう。また、額に入れる場合や、縫い合わせて作品に仕上げる場合は、モチーフの周りに余白を持たせることも忘れずに。

・布をカットしたら、ほつれ防止のために縁をかがる。

・布を4つ折りにして中心を見つける。

大きなタペストリーなど複雑な図案をステッチする場合は、縦と横の中心線をしつけ糸で縫っておけば目印となり、ステッチが刺しやすくなります(ステッチが仕上がったらしつけ糸は取り除くので、きつく刺しすぎないこと)。

チャート

チャートは小さな方眼状になっていて、それぞれのマス目の色は、ステッチに使う糸の色と対応しています。各色の番号は、DMCの刺しゅう糸に対応しています。

チャートをカラーコピーで拡大すれば、見やすくなって、作業がはかどるでしょう。

カウントについて

「Counted」の略で、「ct」と表記し、1インチ(2.54cm)の中に布目が何目あるのかをいいます。例えば、11ctは、1インチに11目あるという意味で、カウント数が増えるにしたがって目は細かくなっていきます。

出来上がりサイズ

出来上がりサイズは、使う布の目数によって変わってきます。1cmあたりの目数が多ければ多いほど、ステッチの数は多くなり、モチーフは小さくなります。

出来上がりが何cmになるかを割り出すには、次の方法にしたがって計算してください。

1. 布1cmあたりの目数を、何目ごとにステッチするかで割り、1cmあたりのステッチの数を割り出します。

例)1cm＝11目の布に2目刺しする場合、ステッチは1cmあたり5.5目(11目÷2目ごと)。

2. チャートのステッチ数(幅＆高さのマス目の数)を数え、その数を5.5で割れば、出来上がりサイズが割り出せます。

例):250目(幅)×250目(高さ)の場合

幅:250÷5.5＝約45cm

高さ:250÷5.5＝約45cm

カウントについて

以下は、布の目数とステッチの目数の換算表です。図案の出来上がりサイズを割り出すのに参考にしてください。

布の目数	1cmあたりのクロスステッチの数(2目刺しの場合)	カウント
エタミン		
1cm＝5目	2.5目	13ct
1cm＝10目	5目	25ct
1cm＝11目	5.5目	28ct
リネン		
1cm＝5目	2.5目	13ct
1cm＝10目	5目	25ct
1cm＝11目	5.5目	28ct

本書では、「ハーフ・クロスステッチ」を「ハーフステッチ」と表記しています。「ハーフステッチ」は2本どり、「バックステッチ」は1本どりで刺しゅうしています。糸の本数について別な指定がある場合は、各チャートに明記しています。

目数と出来上がりサイズ早見表

この表で、リネン（麻布）の織り糸2本を1目としたとき（2目刺し）とアイーダの刺しゅうの出来上がりサイズがわかります。例えば、1cmあたり織り糸が10本のリネンを使う場合、10目刺した時の刺しゅうサイズは2cmとなります。1cmあたり5.5ブロック（14ct）のアイーダを使う場合、11目刺した時の刺しゅうサイズは2cmとなります。

〈目数〉

アイーダ	布の表示	13ct	14ct	16ct	18ct	20ct
	ブロック/in	13	14	16	18	20
	ブロック/cm	5	5.5	6.3	7	8
	目/cm	5	5.5	6.3	7	8
リネン	布の表示	25ct	28ct	32ct	36ct	40ct
	織り糸本/in	25	28	32	36	40
	織り糸本/cm	10	11	12.6	14	16
	目/cm	5	5.5	6.3	7	8
	5	1				
	6	1.2	1.1	1		
	7	1.4	1.3	1.1	1	
	8	1.6	1.5	1.3	1.1	1
	9	1.8	1.6	1.4	1.3	1.1
	10	2	1.8	1.6	1.4	1.3
	11	2.2	2	1.7	1.6	1.4
	12	2.4	2.2	1.9	1.7	1.5
	13	2.6	2.4	2.1	1.9	1.6
	14	2.8	2.5	2.2	2	1.8
	15	3	2.7	2.4	2.1	1.9
	16	3.2	2.9	2.5	2.3	2
	17	3.4	3.1	2.7	2.4	2.1
	18	3.6	3.3	2.9	2.6	2.3
	19	3.8	3.5	3	2.7	2.4
	20	4	3.6	3.2	2.9	2.5
	21	4.2	3.8	3.3	3	2.6
	22	4.4	4	3.5	3.1	2.8
	23	4.6	4.2	3.7	3.3	2.9
	24	4.8	4.4	3.8	3.4	3
	25	5	4.5	4	3.6	3.1
	26	5.2	4.7	4.1	3.7	3.3
	27	5.4	4.9	4.3	3.9	3.4
	28	5.6	5.1	4.4	4	3.5
	29	5.8	5.3	4.6	4.1	3.6
	30	6	5.5	4.8	4.3	3.8
	31	6.2	5.6	4.9	4.4	3.9
	32	6.4	5.8	5.1	4.6	4
	33	6.6	6	5.2	4.7	4.1
	34	6.8	6.2	5.4	4.9	4.3
	35	7	6.4	5.6	5	4.4
	36	7.2	6.5	5.7	5.1	4.5
	37	7.4	6.7	5.9	5.3	4.6
	38	7.6	6.9	6	5.4	4.8
	39	7.8	7.1	6.2	5.6	4.9
	40	8	7.3	6.3	5.7	5
	41	8.2	7.5	6.5	5.9	5.1
	42	8.4	7.6	6.7	6	5.3
	43	8.6	7.8	6.8	6.1	5.4
	44	8.8	8	7	6.3	5.5

アイーダ	布の表示	13ct	14ct	16ct	18ct	20ct
	ブロック/in	13	14	16	18	20
	ブロック/cm	5	5.5	6.3	7	8
	目/cm	5	5.5	6.3	7	8
リネン	布の表示	25ct	28ct	32ct	36ct	40ct
	織り糸本/in	25	28	32	36	40
	織り糸本/cm	10	11	12.6	14	16
	目/cm	5	5.5	6.3	7	8
	45	9	8.2	7.1	6.4	5.6
	46	9.2	8.4	7.3	6.6	5.8
	47	9.4	8.5	7.5	6.7	5.9
	48	9.6	8.7	7.6	6.9	6
	49	9.8	8.9	7.8	7	6.1
	50	10	9.1	7.9	7.1	6.3
	51	10.2	9.3	8.1	7.3	6.4
	52	10.4	9.5	8.3	7.4	6.5
	53	10.6	9.6	8.4	7.6	6.6
	54	10.8	9.8	8.6	7.7	6.8
	55	11	10	8.7	7.9	6.9
	56	11.2	10.2	8.9	8	7
	57	11.4	10.4	9	8.1	7.1
	58	11.6	10.5	9.2	8.3	7.3
	59	11.8	10.7	9.4	8.4	7.4
	60	12	10.9	9.5	8.6	7.5
	61	12.2	11.1	9.7	8.7	7.6
	62	12.4	11.3	9.8	8.9	7.8
	63	12.6	11.5	10	9.0	7.9
	64	12.8	11.6	10.2	9.1	8
	65	13	11.8	10.3	9.3	8.1
	66	13.2	12	10.5	9.4	8.3
	67	13.4	12.2	10.6	9.6	8.4
	68	13.6	12.4	10.8	9.7	8.5
	69	13.8	12.5	11	9.9	8.6
	70	14	12.7	11.1	10	8.8
	71	14.2	12.9	11.3	10.1	8.9
	72	14.4	13.1	11.4	10.3	9
	73	14.6	13.3	11.6	10.4	9.1
	74	14.8	13.5	11.7	10.6	9.3
	75	15	13.6	11.9	10.7	9.4
	76	15.2	13.8	12.1	10.9	9.5
	77	15.4	14	12.2	11	9.6
	78	15.6	14.2	12.4	11.1	9.8
	79	15.8	14.4	12.5	11.3	9.9
	80	16	14.5	12.7	11.4	10
	81	16.2	14.7	12.9	11.6	10.1
	82	16.4	14.9	13	11.7	10.3
	83	16.6	15.1	13.2	11.9	10.4
	84	16.8	15.3	13.3	12	10.5

1インチ（inch、記号：in）は25.4ミリメートル

〈目数〉

	布の表示	13ct	14ct	16ct	18ct	20ct
アイーダ	ブロック/in	13	14	16	18	20
	ブロック/cm	5	5.5	6.3	7	8
	目/cm	5	5.5	6.3	7	8
リネン	布の表示	25ct	28ct	32ct	36ct	40ct
	織り糸本/in	25	28	32	36	40
	織り糸本/cm	10	11	12.6	14	16
	目/cm	5	5.5	6.3	7	8
	85	17	15.5	13.5	12.1	10.6
	86	17.2	15.6	13.7	12.3	10.8
	87	17.4	15.8	13.8	12.4	10.9
	88	17.6	16	14	12.6	11
	89	17.8	16.2	14.1	12.7	11.1
	90	18	16.4	14.3	12.9	11.3
	91	18.2	16.5	14.4	13	11.4
	92	18.4	16.7	14.6	13.1	11.5
	93	18.6	16.9	14.8	13.3	11.6
	94	18.8	17.1	14.9	13.4	11.8
	95	19	17.3	15.1	13.6	11.9
	96	19.2	17.5	15.2	13.7	12
	97	19.4	17.6	15.4	13.9	12.1
	98	19.6	17.8	15.6	14	12.3
	99	19.8	18	15.7	14.1	12.4
	100	20	18.2	15.9	14.3	12.5
	101	20.2	18.4	16	14.4	12.6
	102	20.4	18.5	16.2	14.6	12.8
	103	20.6	18.7	16.3	14.7	12.9
	104	20.8	18.9	16.5	14.9	13
	105	21	19.1	16.7	15	13.1
	106	21.2	19.3	16.8	15.1	13.3
	107	21.4	19.5	17	15.3	13.4
	108	21.6	19.6	17.1	15.4	13.5
	109	21.8	19.8	17.3	15.6	13.6
	110	22	20	17.5	15.7	13.8
	111	22.2	20.2	17.6	15.9	13.9
	112	22.4	20.4	17.8	16	14
	113	22.6	20.5	17.9	16.1	14.1
	114	22.8	20.7	18.1	16.3	14.3
	115	23	20.9	18.3	16.4	14.4
	116	23.2	21.1	18.4	16.6	14.5
	117	23.4	21.3	18.6	16.7	14.6
	118	23.6	21.5	18.7	16.9	14.8
	119	23.8	21.6	18.9	17	14.9
	120	24	21.8	19	17.1	15
	121	24.2	22	19.2	17.3	15.1
	122	24.4	22.2	19.4	17.4	15.3
	123	24.6	22.4	19.5	17.6	15.4
	124	24.8	22.5	19.7	17.7	15.5

	布の表示	13ct	14ct	16ct	18ct	20ct
アイーダ	ブロック/in	13	14	16	18	20
	ブロック/cm	5	5.5	6.3	7	8
	目/cm	5	5.5	6.3	7	8
リネン	布の表示	25ct	28ct	32ct	36ct	40ct
	織り糸本/in	25	28	32	36	40
	織り糸本/cm	10	11	12.6	14	16
	目/cm	5	5.5	6.3	7	8
	125	25	22.7	19.8	17.9	15.6
	126	25.2	22.9	20	18	15.8
	127	25.4	23.1	20.2	18.1	15.9
	128	25.6	23.3	20.3	18.3	16
	129	25.8	23.5	20.5	18.4	16.1
	130	26	23.6	20.6	18.6	16.3
	131	26.2	23.8	20.8	18.7	16.4
	132	26.4	24	21	18.9	16.5
	133	26.6	24.2	21.1	19	16.6
	134	26.8	24.4	21.3	19.1	16.8
	135	27	24.5	21.4	19.3	16.9
	136	27.2	24.7	21.6	19.4	17
	137	27.4	24.9	21.7	19.6	17.1
	138	27.6	25.1	21.9	19.7	17.3
	139	27.8	25.3	22.1	19.9	17.4
	140	28	25.5	22.2	20	17.5
	141	28.2	25.6	22.4	20.1	17.6
	142	28.4	25.8	22.5	20.3	17.8
	143	28.6	26	22.7	20.4	17.9
	144	28.8	26.2	22.9	20.6	18
	145	29	26.4	23	20.7	18.1
	146	29.2	26.5	23.2	20.9	18.3
	147	29.4	26.7	23.3	21	18.4
	148	29.6	26.9	23.5	21.1	18.5
	149	29.8	27.1	23.7	21.3	18.6
	150	30	27.3	23.8	21.4	18.8
	151	30.2	27.5	24	21.6	18.9
	152	30.4	27.6	24.1	21.7	19
	153	30.6	27.8	24.3	21.9	19.1
	154	30.8	28	24.4	22	19.3
	155	31	28.2	24.6	22.1	19.4
	156	31.2	28.4	24.8	22.3	19.5
	157	31.4	28.5	24.9	22.4	19.6
	158	31.6	28.7	25.1	22.6	19.8
	159	31.8	28.9	25.2	22.7	19.9
	160	32	29.1	25.4	22.9	20
	161	32.2	29.3	25.6	23	20.1
	162	32.4	29.5	25.7	23.1	20.3
	163	32.6	29.6	25.9	23.3	20.4
	164	32.8	29.8	26	23.4	20.5

1インチ（inch、記号：in）は25.4ミリメートル

Le coussin Musique

音楽の日のクッション・・・作品：P.31　チャート：P.61

材料

●リネン刺しゅう布（DMC3865　11目／cm）
40×40cm

●DMCの刺しゅう糸：760, 353, 3731, 3803, 927, 926, 924, 3347, 472, 471, 3051, 3078, 948, 754, 434

●フェルト：直径25cm

●表布：直径65cm

化繊綿

●出来上がりサイズ
約40×40cm

●刺しゅうサイズ
約16×22cm

●単位はcm

作り方

1 刺しゅう布の中央にモチーフを刺しゅうする。

2 刺しゅうの周りに直径31cmの円を描き、線の通りに切る。

3 しつけ糸2本どりで、縁から1cm内側をぐるりと並縫いで縫う。

4 刺しゅう布の裏にフェルトを当て、3の糸を引き締めて縫い代を裏に折る。糸を結ぶ。

5 折り返した縫い代を表にひびかないようにフェルトに斜めじつけで留めつける。

6 表布の縁から1㎝をしつけ糸2本どりで、ぐるりと粗い針目で縫う。

7 糸を引いて縮めながら化繊綿を詰める。

8 様子を見ながら糸の端を引き、開口部が直径18cmになるまで絞って糸を結ぶ。

9 開口部に5（フェルトを裏に当てた刺しゅう布）をのせて待ち針を打つ。

10 周囲をまつり縫いで閉じる。

寸法図

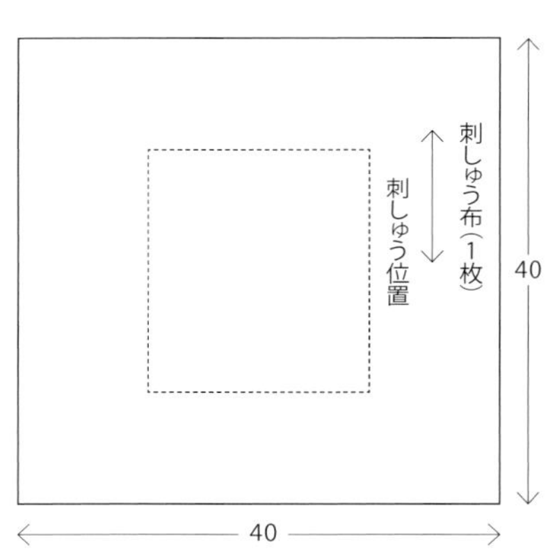

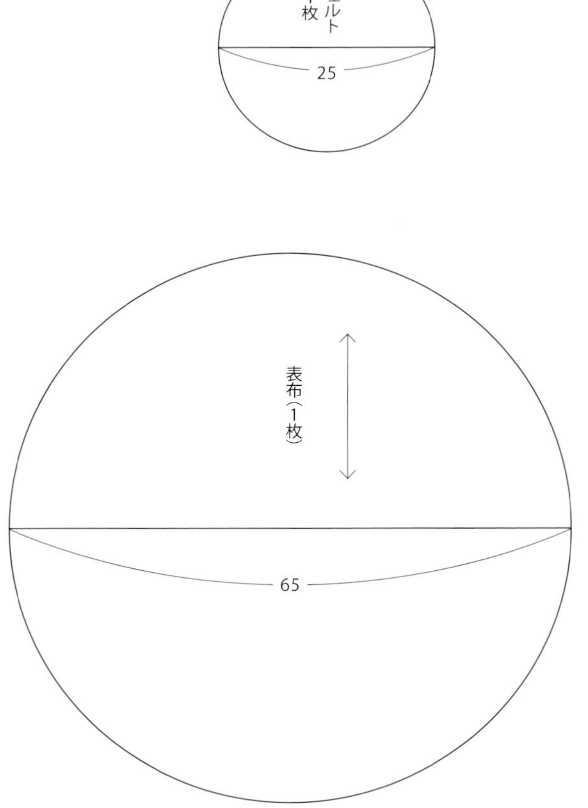

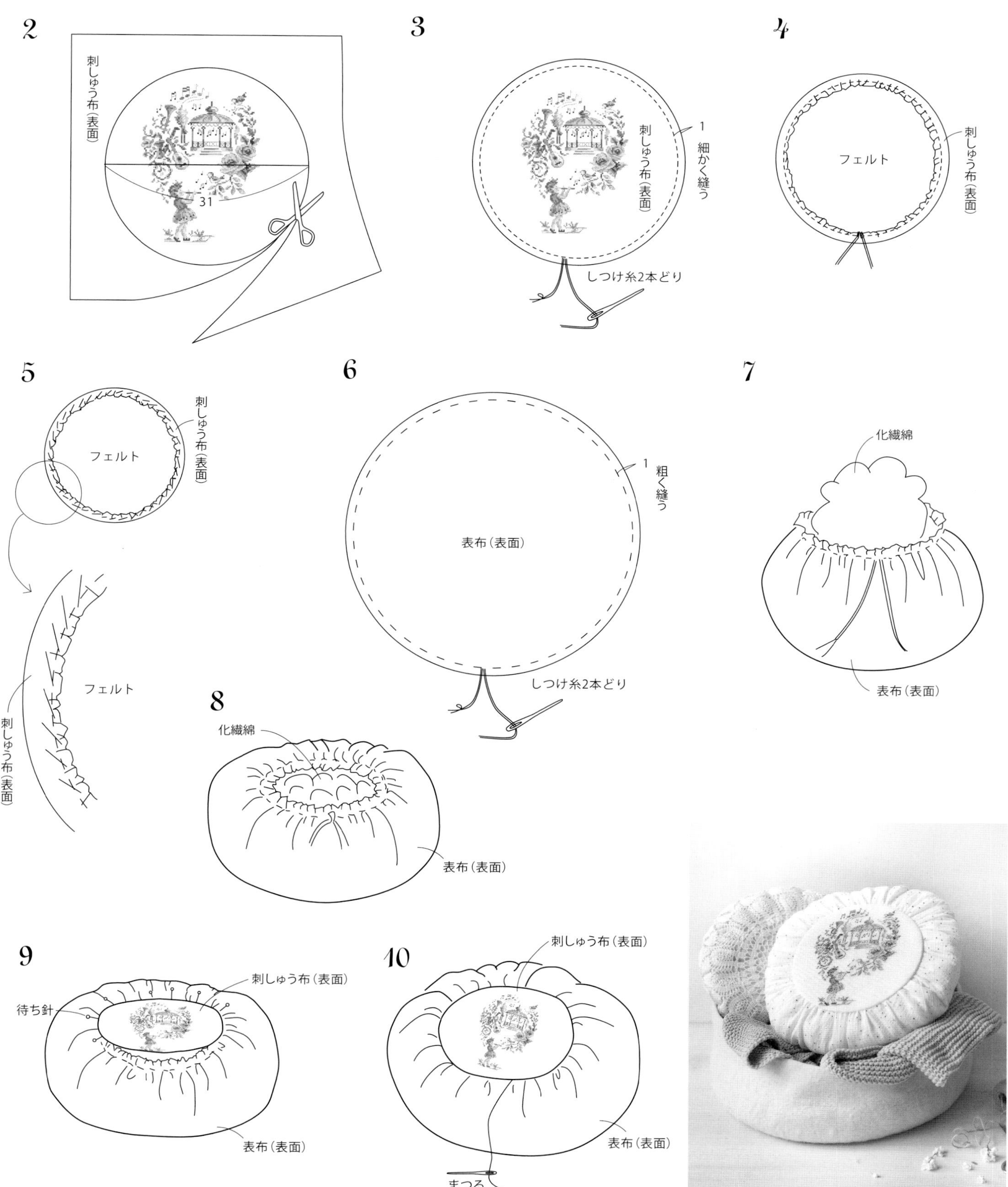

2
刺しゅう布（表面）
31
3
刺しゅう布（表面）
1
細かく縫う
しつけ糸2本どり
4
フェルト
刺しゅう布（表面）
5
刺しゅう布（表面）
フェルト
フェルト
刺しゅう布（表面）
6
1
粗く縫う
表布（表面）
しつけ糸2本どり
7
化繊綿
表布（表面）
8
化繊綿
表布（表面）
9
待ち針
刺しゅう布（表面）
表布（表面）
10
刺しゅう布（表面）
表布（表面）
まつる

フランス12か月の行事と遊びのクロスステッチ

―― 425点のノスタルジックでかわいいモチーフ ――

2020年 7月25日　初版第1刷発行

著者　ヴェロニク・アンジャンジェ（© Véronique Enginger）
発行者　長瀬 聡
発行所　株式会社グラフィック社
〒102-0073 東京都千代田区九段北1-14-17
Phone: 03-3263-4318　Fax: 03-3263-5297
http://www.graphicsha.co.jp
振替00130-6-114345

印刷・製本　図書印刷株式会社

本書の作品写真は、フランス語版原著に基づいています。本書のチャートと一致しない部分もあります。イメージカットとしてご参照願います。

本書では、「ハーフクロスステッチ」を「ハーフステッチ」と表記しています。

ISBN978-4-7661-3378-3 C2077

Japanese text and instruction page: 48, 112 -119

Printed and bound in Japan

和文版制作スタッフ

翻訳・執筆　柴田里芽
監修・目数チャート・技法ページ制作　安田由美子
組版・トレース　石岡真一
カバーデザイン　CRKdesign（北谷千顕、今村クマ）
編集　須藤敦子
制作・進行　本木貴子（グラフィック社）

材料に関するお問い合わせはこちらへ

ディー・エム・シー株式会社
〒101-0035 東京都千代田区神田紺屋町13番地 三東ビル7F
TEL: 03-5296-7831　FAX: 03-5296-7883
WEBカタログ http://www.dmc-kk.com/catalog2019-20/DMC_2019-min.pdf